जिस लाहौर नइ देख्या
ओ जम्याइ नइ

जिस लाहौर नइ देख्या ओ जम्याइ नइ

असग़र वजाहत

वाणी प्रकाशन
प्रकाशन के उत्कृष्टतम 61 वर्ष

पेपरबैक पहला संस्करण : 2006
पेपरबैक दूसरा संस्करण : 2010
पेपरबैक तीसरा संस्करण : 2013
पेपरबैक चौथा संस्करण : 2015
पेपरबैक पाँचवाँ संस्करण : 2018
पेपरबैक छवा संस्करण : 2019
पेपरबैक सातवाँ संस्करण : 2022
पेपरबैक आठवाँ संस्करण : 2024

वाणी प्रकाशन

4695, 21-ए, दरियागंज, नयी दिल्ली-110 002

फ़ोन : + 91 11 23273167, 23275710

शाखाएँ

अशोक राजपथ, पटना-800 004, बिहार

कॉफ़ी हाउस कैम्पस, महात्मा गांधी मार्ग, प्रयागराज-211 001, उत्तर प्रदेश

महात्मा गांधी अन्तरराष्ट्रीय हिन्दी विश्वविद्यालय, वर्धा-442 001, महाराष्ट्र

sales@vaniprakashan.in
vaniprakashan@gmail.com

Jis Lahore Nai Dekhya O Jamyai Nai
by Asghar Wajahat

ISBN : 978-93-5000-313-8

Play

मूल्य : ₹ 95

एम.पी. प्रिंटर्स, नोएडा में मुद्रित

वाणी प्रकाशन का लोगो मक़बूल फ़िदा हुसेन की कूची से

कृश्न कुमार गोर्टू

(1921–1947)

और उन हज़ारों बेगुनाहों के नाम जो

हिन्दू-मुस्लिम दंगों

में शहीद किए गये।

तीन शब्द

कोई बारह साल पहले जिस लाहौर..." लिखा गया था। मेरा यह मानना है कि नाटक से अधिक नाटकीय होती है किसी नाटक को मंच पर प्रस्तुत होने की प्रक्रिया। इस नाटक के साथ भी यही हुआ। जब नाटक का दूसरा ड्राफ्ट बन गया तो मैंने मित्र नाटक निर्देशकों से कहा कि इसे सुन लें। नाटक का पाठ आयोजित किया गया। कितना नाटकीय था कि आमंत्रित चार-पाँच नाटक निर्देशकों में से कोई भी नाटक सुनने नहीं आया। आयोजक गुरुचरन और मैं कई घंटे प्रतीक्षा करने के बाद उदास और निराश अपने-अपने घर चले गए।

अब देखिए नाटकीयता का दूसरा दौर शुरू होता है। मैं बुदापैश्त में था कि अचानक एक दिन पत्नी का फोन आया कि जिस लाहौर..." हबीब तनवीर श्रीराम सेंटर के साथ मंचित करना चाहते हैं। हबीब तनवीर जिस लाहौर..." नाटक करना चाहते हैं यह ख़बर अपने आपमें कम नाटकीय न थी क्योंकि हबीब साहब की शैली बिल्कुल अलग है नाटक की शैली दूसरी थी। बहरहाल हबीब साहब ने नाटक खेला। आप जानते ही हैं कि सामूहिक कलाभिव्यक्ति में निर्देशक और नाटककार का शत प्रतिशत सहमत होना आवश्यक नहीं है। हबीब साहब ने गायन के माध्यम से यदि नाटक में सराहनीय योग दिया तो दूसरी तरफ उसमें हास्य और अति नाटकीयता और भावुकता भर कर मूल चेतना को कुंठित भी कर दिया। बहरहाल लोगों को नाटक पसंद आया। उसके बाद तो लगातार मंचन होते रहे। कराँची और वाशिंग्टन में भी मंचन हुए। मराठी और कन्नड़ में भी प्रस्तुत किया गया। पंजाबी में भी हुआ। श्रीराम सेंटर की 'रेपेट्री' से अलग होकर हबीब तनवीर ने अपनी छत्तीसगढ़ी मंडली के साथ इसके जो प्रदर्शन किए उन्हें देखकर मेरे मन में एक बिम्ब उभरा। एक दुबली-पतली गाय है जिसका दूध मशीन द्वारा दुहा जा रहा है। गाय को देखकर लगता है कि कभी जवान, सुंदर तथा ज़्यादा दूध देने वाली रही होगी पर मशीन इतनी तेज़ी से उसका दूध दुह रही है कि गाय सूखकर काँटा हो गई है। छत्तीसगढ़ी कलाकारों पर लखनऊ की उर्दू और लाहौर की पंजाबी का ऐसा बोझ पड़ा कि नाटक चरमरा कर बैठ गया। बहरहाल था यह भी नाटकीय।

वाशिंग्टन में उमेश अग्निहोत्री ने जो मंचन किया था उसका वीडियो देखकर लगा कि बहुत अच्छा प्रदर्शन रहा होगा। कराँची में खालिद अहमद ने जो शो किए उनके पीछे की कहानी भी नाटकीय है। पाकिस्तान में नाटक करने के लिए पुलिस कमिश्नर की अनुमति अनिवार्य है। खालिद ने नाटक पुलिस कमिश्नर के यहाँ जमा कराया और पुलिस ने बताया कि नाटक नहीं हो सकता। कारण दिलचस्प बताए गए। पहला यह कि उसमें मौलवी की हत्या हो जाती है जो इस्लाम विरोधी चीज़ लगी। दूसरे हिंदू औरत अर्थात् माई का चरित्र जैसा पुलिस चाहती थी वैसा न था। अनुमति ने देने की तीसरी वजह यह बताई गई कि नाटककार भारतीय है। पुलिस अनुमति न होने के कारण कराँची में नाटक गोथे जर्मन सूचना केंद्र में खेला गया और हर शो 'हाउसफुल' ही न था बल्कि लोग पेड़ों पर चढ़कर नाटक रेख रहे थे। पाकिस्तान अख़्बारों में जो समीक्षाएँ छपी उन्हें देखकर लगता है कि वहाँ भी ऐसे लोगों की बड़ी संख्या है जो हमारी आपकी तरह सोचते हैं। धार्मिक सहिष्णुता और सहअस्तित्व को आदमियत की पहली शर्त स्वीकार करते हैं।

जिस लाहौर...'' के जो मंचन मराठी, कन्नड़ और पंजाबी में हुए उन्हें मैं न देख सका। समीक्षाएँ अवश्य पढ़ी। कन्नड़ निर्देशक ने रायल्टी की रक़म भेजकर तो हिंदी के बड़े निर्देशक की इज़्ज़त बचा ली और मुझे यह कहने का अवसर न दिया कि लेखक को नाटक की रायल्टी नहीं मिलती।

जिस लाहौर...'' की विषय वस्तु का सूत्र उर्दू के पत्रकार संतोष कुमार की देन है जो 1947 में लाहौर से दिल्ली आ गए थे। इन्हीं दंगों में संतोष जी के सगे छोटे भाई कृश्न कुमार गोर्टू की सांप्रदायिक दंगे में हत्या कर दी गई थी। यह नाटक उन्हीं को समर्पित है।

नाटक लिखने में मित्र गुरुचरन ने बड़ी मदद की थी उनका मैं आभारी हूँ। न यह कि उन्होंने पंजाबी संवाद बताए बल्कि लाहौर से परिचय प्राप्त करने के लिए एक ऐसे व्यक्ति को खोज निकाला जो लाहौर की गली-गली से वाक़िफ़ था। प्रिय मित्र डॉ. शमीम हनफ़ी ने उर्दू के प्रसिद्ध शायर नासिर काज़मी के कलाम से परिचित कराया। नासिर भी लाहौर में अम्बाला से उजड़ कर पहुँचे थे। मैंने नासिर काज़मी को भी नाटक का एक पात्र बना दिया। नासिर काज़मी की ग़ज़लों ने नाटक में अमूल्य योगदान दिया है।

मैं उन सब निर्देशकों, विशेषकर हबीब तनवीर का आभारी हूँ जिन्होंने इस नाटक को मंचित किया तथा हज़ारों लोगों तक पहुँचाया। मैं श्रीराम सेंटर की सुश्री पन्ना भरतराम के प्रति भी कृतज्ञ हूँ। उनकी संस्था ने लंबे समय तक न सिर्फ जिस लाहौर...'' का मंचन किया बल्कि रायल्टी भी नियमित मिलती रही। मित्र परवीन अरोड़ा ने भी पंजाबी संवाद लिखने में बहुत मदद की है। दरअसल यह नाटक प्रारंभ से ही सामूहिक कलाभिव्यक्ति रहा है।

—असग़र वजाहत

पात्र

सिकंदर मिर्ज़ा	उम्र 55 साल
हमीदा बेगम	पत्नी, उम्र 45 साल
तनवीर बेगम (तन्नो)	छोटी लड़की, उम्र 11-12 साल
जावेद	सिकंदर मिर्ज़ा का जवान लड़का उम्र 24-25 साल
रतन की अम्माँ	उम्र 65-70 साल
पहलवान	मोहल्ले का मुस्लिम लीगी नेता
अनवार	पहलवान का पंजाबी दोस्त, उम्र 20-22 साल
सिराज	पहलवान का दोस्त—मोहाजिर, उम्र 20-22 साल
रज़ा	पहलवान का दोस्त, उम्र 20-22 साल
हमीद हुसैन	सिंकदर मिर्ज़ा का पड़ोसी, पुराना जमींदार, मोहाजिर, उम्र 50 साल
नासिर काज़मी	सिकंदर मिर्ज़ा का पड़ोसी, उम्र 35-36 साल (शायर) मोहाजिर
मौलवी इकरामनुद्दीन	मस्जिद का मौलवी, उम्र 65-70 साल (पंजाबी)
अलीमनुद्दीन	चायवाला—उम्र 40 साल (पंजाबी)
मुहम्मद शाह	पहलवान का दोस्त
फयाज़	मुस्लिम लीगी कार्यकर्ता
मुस्लिम लीगी	नेता

दृश्य : एक

(मंच पर अँधेरा-सा है। पृष्ठभूमि से किसी प्रदर्शन और जुलूस की स्पष्ट आवाज़ें आ रही है जो धीरे-धीरे साफ़ होती जा रही है। प्रदर्शनकारी पास आते लगते हैं। मंच पर प्रदर्शनकारियों के आने से पहले जो स्पष्ट नारे सुनाई देते हैं, वे ये है–)

''नार-ए-तकीबर...
अल्लाहो-अकबर''...
''लेके रहेंगे...
''पाकिस्तान, पाकिस्तान''

(जुलूस मंच पर आता है। नारा लगता है...)

''पाकिस्तान पाकिस्तान...
''लेके रहेंगे पाकिस्तान...
''मुस्लिम लीग मुस्लिम लीग...
ज़िंदाबाद मुस्लिम लीग''

(पूरा जुलूस मंच पर आ जाता है और एक गुट ज़ोर से कहता है।)

''सीधा पैर जुत्ती दा''

(दूसरा गुट जवाब देता है)

''ख़िज़िर[1] पुत्तर कुत्ती दा''
''ख़िज़िर पुत्तर कुत्ती दा'' **(पंक्ति को भीड़ दोहराती है तथा कुछ लोग इस पर नृत्य जैसा करने लगते हैं और बार-बार)**

---

1. ख़िज़िर हयात ख़ाँ : पाकिस्तान बनने से पहले पंजाब का मुख्यमंत्री जो मुस्लिम लीग का नहीं था।

"कुत्ती दा" "कुत्ती दा" (कहते हैं...)
(नारा लगता है) "ख़िज़िर"
(दूसरा गुट कहता है) "पुत्तर"
(सभी मिल कर कहते है) "कुत्ती दा"
(अचानक मंच पर एक मुस्लिम लीगी भागता हुआ आता है और जुलूस के नेता से कहता है)

मुस्लिम लीगी : ओय फयाज़...ओय...रुक जा...रुक जा...
(नारे लगाने वाले रुक जाते हैं। ख़ामोशी हो जाती है। मुस्लिम लीगी फयाज़ को मंच के एक कोने में ले जाता है)

मु. लीगी : *(फ़याज़ से)* ओय फ़याज़...तू ए नारे न लगवा...

फ़याज़ : की गल हो गई ?

मु. लीगी : तैनू नई पता फ़याज़...खिज़िर ने मुस्लिम लीग ज्वाइन कर ली।

फ़याज़ : ओय नई।

मु. लीगी : ओय नई की ? ए मुबारक ख़बर हुणें आई सी।

फ़याज़ : ए तो कमाल हो गया।

मु. लीगी : और की...अब पाकिस्तान बना समझो।

फ़याज़ : ख़िज़िर ने साबित कर दिता कि ओ मुसलमान है...

मु. लीगी : ओय फ़याज़ मुसलमान दा खून है तो जोश मारेगा। जा जुलूस आगे बढ़ा।
(फ़याज़ जुलूस के पास जाता है। दो चार लोगों से सिर मोड़ कर बातचीत करता है और फिर एक ग्रुप ज़ोर से चीख़ता है।)

एक ग्रुप : ताज़ी ख़बर आई है।

दूसरा ग्रुप : *(कहता है)* ख़िज़िर सड्डा भाई है।
(यही नारा कई बार लगता है। जुलूस में नया जोश आ जाता है।)
(दूसरा नारा लगता है और जुलूस धीरे-धीरे आगे बढ़ता है।)

कुछ लोग : पाकिस्तान, पाकिस्तान।

दूसरा गुट : लेके रहेंगे पाकिस्तान।
(मंच पर प्रकाश व्यवस्था में परिवर्तन आता है और कुछ समय बीतने का आभास होता है। जुलूस एक ओर बाहर निकल

कर मंच पर दूसरी ओर फिर अंदर आता है।)

(''पाकिस्तान, पाकिस्तान'' के नारे लगाते रहते हैं।)

(अचानक मुस्लिम लीगी फिर से भागता हुआ आता है और फ़याज़ की बाँह पकड़कर उसे जुलूस से अलग घसीटता है।)

मु. लीगी : फ़याज़ ओ ख़बर ग़लत सी।

फ़याज़ : की ख़बर ?

मु. लीगी : ख़िज़िर ने मुस्लिम लीग नई ज्वाइन कीं ती।

फ़याज़ : ओय इ की चक्कर है ?

मु. लीगी : सच्ची गल्ल है फ़याज़...सच्ची...जा जुलूस आगे बढ़वा...

(फ़याज़ जुलूस में आ जाता है और आठ-दस लोगों से खुसुर-पुसुर करता है। सब ख़ामोश हो जाते हैं। अचानक एक गुट ज़ोर से चीखता है।)

एक गुट : सीध पैर जुत्ती दा।

दूसरा : ख़िज़िर पुत्तर कुत्ती दा।

(पागलों की तरह पूरा जुलूस ''ख़िज़िर पुत्तर कुत्ती दा'' पर नाचने लगता है। यह कुछ क्षण जारी रहता है। फिर प्रकाश और आवाज़े धीरे-धीरे कम होती है। मंच पर अँधेरा हो जाता है। अँधेरे में कुछ क्षण के बाद हलका प्रकाश आता है और लुटे-पिटे शरणार्थियों का काफला दिखाई पड़ता है। वे धीरे-धीरे मंच पर आगे बढ़ रहे हैं। पृष्ठभूमि से गायन की आवाज़ आती है।)

और नतीजे में हिन्दोस्ताँ बँट गया
ये ज़मीं बँट गयी आसमाँ बँट गया
तर्ज़े तहरीर, तर्ज़े बयाँ बँट गया
शाख़े गुल बँट गयी, आशयाँ बँट गया
हमने देखा था जो ख़्वाब ही और था
अब जो देखा तो पंजाब ही और था।

(शरणार्थियों का ग्रुप मंच से निकल जाता है।)

दृश्य : दो

(सिकंदर मिर्ज़ा, जावेद, हमीदा बेगम और तन्नो सामान उठाए मंच पर आते हैं। इधर-उधर देखते हैं। वे कस्टोडियन द्वारा एलाट हवेली में आ गए हैं। सबके चेहरों पर संतोष और प्रसन्नता के चिह्न दिखाई पड़ते हैं। सिकंदर मिर्ज़ा, जावेद तथा दोनों महिलाएँ हाथों में उठाए सामान को रख देती हैं।)

बेगम : *(हवेली को देखकर)* या खुदा शुक्र है तेरा। लाख-लाख शुक्र है।

मिर्ज़ा : कस्टोडियन आफीसर ने गलत नहीं कहा था। पूरी हवेली है, हवेली।

तन्नो : अब्बाजान कितने कमरे हैं इसमें ?

मिर्ज़ा : बाईस।

बेगम : सहेन की हालत देखो...ऐसी वीरानी छाई है कि दिल डरता है।

मिर्ज़ा : जहाँ महीनों से कोई रह न रहा हो, वहाँ वीरानी न होगी तो क्या होगा।

बेगम : मैं तो सबसे पहले शुक्राने की दो रकत नमाज पढ़ूँगी...मैंने मन्नत मानी थी...नासपीटे कैंप से तो छुट्टी मिली...

(हमीदा बेगम दरी बिछाती है और नमाज पढ़ने खड़ी हो जाती है।)

जावेद : अब्बाजान ये घर किसका है।

मिर्ज़ा : अब तो हमारा ही है बेटा जावेद।

जावेद : मतलब पहले किसका था ?

मिर्ज़ा : बेटा इन बातों से हमें क्या मतलब...हम अपनी जो जायदाद लखनऊ में छोड़ आए हैं। उसके एवज में समझो ये हवेली मिली है।

तन्नो : हमारे घर से तो बहुत बड़ी है ये हवेली।

मिर्ज़ा : नहीं बेटे...हमारे घर की तो बात ही कुछ और थी। सहन में रात की रानी की बेल यहाँ कहाँ है ? बरामदे कुशादा नहीं है। अगर बारिश में यहाँ पलंग बिछा दिए जाएँ तो पायतियाने तो भीग ही जाएँ।

तन्नो : लेकिन बना शानदार है।

जावेद : किसी हिंदू रईस का लगता है।

मिर्ज़ा : कोई कह रहा था कि किसी मशहूर जौहरी की हवेली है।

जावेद : कमरे खोलकर देखें अब्बा हो सकता है कुछ सामान वगैरा मिल जाए।

मिर्ज़ा : ठीक है बेटा तुम देखो...मैं तो अब बैठता हूँ...ये हवेली एलाट होने के बाद ऐसा लग रहा है जैसे सिर से मानो बोझ उतर गया हो।

जावेद : पूरी हवेली देख लूँ अब्बाजान।

तन्नो : भइया मैं भी चलूँ तुम्हारे साथ।

मिर्ज़ा : नहीं तुम जरा बावरचीख़ाना देखो...भई अब होटल से गोश्त रोटी कहाँ तक आएगा..अगर सब कुछ हो तो माशाअल्लाह से हल्के-हल्के पराठे और अंडे का ख़ागीना तो तैयार हो ही सकता है...और बेटे जावेद जरा बिजली जला कर देखो...पानी का नल भी खोलकर देखो...भई जो-जो कमियाँ होंगी उन्हें दर्ज करके कस्टोडियन वालों को बताना पड़ेगा...

(हमीदा बेगम नमाज पढ़कर आ जाती है।)

बेगम : मेरा तो दिल...डरता हैं...

मिर्ज़ा : डरता है ?

बेगम : पता नहीं किसकी चीज है...किन अरमानों से बनवाई होगी हवेली।

मिर्ज़ा : फुजूल बातें न कीजिए बेगम...हमारे पुश्तैनी घर में भी आज कोई शरणार्थी दनदनाता फिर रहा होगा...ये जमाना ही कुछ

ऐसा है...ज़्यादा शर्म, हया और फिक्र हमें कहीं का न छोड़ेगी...अपना और आपका ख्याल न भी करें तो जावेद मियां और तनवीर बेगम के लिए तो यहाँ पैर जमाने ही पड़ेंगे...शहरे लखनऊ छूटा तो शहरे लाहौर–दोनों में 'लाम' तो मुश्तरिक है...दिल से सारे वहम निकाल फेंकिए और इस घर को अपना घर समझ कर जम जाइए...बिस्मिल्लाह...आज रात मैं इशां की नमाज के बाद तिलावते कुरान पाक करूँगा...

(तन्नो दौड़ती हुई आती है। वह डरी हुई है। सांस फूल रही है।)

बेगम : क्या हुआ बेटी क्या हुआ ?

तन्नो : इस हवेली में कोई है अम्माँ !

सिकंदर मिर्ज़ा : कोई है ? क्या मतलब !

तन्नो : मैं सीढ़ियाँ चढ़कर ऊपर गई तो मैंने देखा...

सिकंदर मिर्ज़ा : क्या फुजूल बातें करती हो।

तन्नो : नहीं अब्बा सच।

बेगम : डर गई है...मैं जाकर देखती हूँ...

(हमीदा बेगम मंच के दाहिनी तरफ जाती हैं। वहाँ से उसकी आवाज आती है।)

बेगम : यहाँ तो कोई नहीं है...तुम ऊपर किधर गई थीं।

तन्नो : उधर जो सीढ़ियाँ हैं उनसे...

(बेगम सीढ़ियों की तरफ जाती है। तन्नो और मिर्ज़ा मंच के दाहिनी तरफ जाते हैं। वहाँ लोहे की सलाखों का फाटक बंद है। तभी हमीदा बेगम के चीखने की आवाज आती है।)

हमीदा बेगम : अरे ये तो कोई...देखो कोई सीढ़ियाँ उतर रहा है।

(मिर्ज़ा तेजी से दाहिनी तरफ जाते हैं। तब तक सफेद कपड़े पहने एक बुढ़िया उतरकर दरवाजे के पास आकर खड़ी हो जाती है।)

सिकंदर मिर्ज़ा : आप कौन हैं ?

रतन की माँ : वाह जी वाह ये खूब रही, मैं कौण हाँ...तुस्सी दस्सो कौण हो जो बिना पुच्छे मेरे घर घुस आए...

सिकंदर मिर्ज़ा : घुस आए...घुस आना कैसा। मोहतरमा ये घर हमें कस्टोडियन

वालों ने एलाट किया है।

रतन की माँ : एलाट–पलाट मे नहीं जाणदी...ए मेरा घर है...

सिकंदर मिर्ज़ा : ये कैसे हो सकता है।

रतन की माँ : ओ किसे नू पूछ ले...ए रतनलाल जौहरी दी हवेली है ...मैं उस दी मां हाँ।

मिर्ज़ा : रतनलाल जौहरी कहाँ है ?

रतन की माँ : फसाद शुरू होण तो पहले किसी हिंदू ड्राइवर दी तलाश विच घरौं निकल्या सी...साडी गड्डी दा ड्राइवर मुलसमान सी न, ओ लाहौर तो बाहर जाण नूँ तैयार ही नई सी होन्दा... *(रुआंसी आवाज़ में)* तद दा गया रतन अज तक... *(रोने लगती है।)*

सिकंदर मिर्ज़ा : *(घबरा जाता है)* देखिए जो कुछ हुआ हमें सख्त अफसोस है...लेकिन आपको तो मालूम ही होगा कि अब पाकिस्तान बन चुका है...लाहौर पाकिस्तान में आया है...आप लोगों के लिए अब यहाँ कोई जगह नहीं है...आपको हम कैम्प पहुँचा आते हैं...कैंप वाले आपको हिंदुस्तान ले जाएँगे...

रतन की माँ : मैं किदरी नई जाणां।

सिकंदर मिर्ज़ा : ये आप क्या कह रही हैं...मतलब ये के...ये मकान।

रतन की माँ : ऐ मकान मेरा है।

सिकंदर मिर्ज़ा : देखिए..हमारे पास कागज़ात हैं।

रतन की माँ : साड्डे कोल वी कागज़ात ने।

सिकंदर मिर्ज़ा : भई आप बात तो समझिए कि अब यहाँ पाकिस्तान में कोई हिंदू नहीं रह सकता...

रतन की माँ : मैं ताँ इत्थे ही रवांगी...जद तक रतन नहीं आ जांदा...

सिकंदर मिर्ज़ा : रतन...

रतन की माँ : हाँ, मेरा पुत्तर रतनलाल जौहरी...

सिकंदर मिर्ज़ा : देखिए हम आपके जज़बात की कद्र करते हैं। लेकिन हक़ीकत ये है कि अब आपका लड़का रतनलाल कभी लौटकर वापस...

रतन की माँ : क्यों तू की खुदा है...जो तैन्नू सारी गल्लां पक्कियां पता होण ?

हमीदा बेगम : बहन...सैकड़ों हज़ारों लोग मार डाले गए...तबाह-बर्बाद हो गए...

रतन की माँ : सैकड़ें हज़ारां बच तां वी गए।

सिकंदर मिर्ज़ा : देखिए मोहतरमा...सौ की सीधी बात ये कि आपको मकान खाली करना पड़ेगा...ये हमें मिल चुका है...सरकारी तौर पर।

रतन की माँ : मैं इत्थों नहीं निकलनांगी।

सिकंदर मिर्ज़ा : *(गुस्से में)* माफ कीजिएगा मोहतरमा...आप मेरी बुजुर्ग हैं। किन अगर आप ज़िद पर कायम रही तो शायद...

रतन की माँ : हाँ हाँ...मनूँ मार के रावी विच रोड़ आओ...तद हवेली ते कब्ज़ा कर लेणां...मेरे जिंदा रयंदे ऐजा हो नहीं सकदा।

मिर्ज़ा : या खुदा ये क्या मुसीबत आ गई।

बेगम : आजकल शराफत का ज़माना नहीं है...आप कस्टोडियन वालों को बुला लाइए तो...अभी...

रतन की माँ : बेटा, तू जाके जिसनूँ मरजी बुला ले आ...जान तो ज्यादा ते कुछ नई ले सकेगा...जान मैं त्वानूं देण नूं तैयार हां।

सिकंदर मिर्ज़ा : या खुदा मैं क्या करूँ।

बेगम : अजी अभी जाइए कस्टोडियन के आफिस...हमें ऐसा मकान एलाट ही क्यों कर दिया जो खाली नहीं है।

मिर्ज़ा : *(जावेद से)* लाओ बेटा मेरी शेरवानी लाओ...तन्नो एक गिलास पानी पिला दो...

रतन की माँ : टूटी च पाणी आ रया है...इक हफ्ते ही तो सप्लाई ठीक होई है...बेटी, पानी टूटी चो लै लै।

मिर्ज़ा : *(शेरवानी पहनते हुए)* देखिए हम आपको समझाए देते हैं... पुलिस ने आप पर ज़्यादती की तो हमें भी तकलीफ होगी।

रतन की माँ : बेटा, मेरे उत्ते जो कहेर पै चुकेया है...उस तो बड्डा कहेर होण कोइ पै नहीं सकदा...जवान मुंडा नई रिया...लक्खां दे जवाहरात लुट गए...सगे-संबंधी मारे गए...

बेगम : तो बुआ अब तो होश संभालो...हिंदुस्तान चली जाओ...अपने लोगों में रहना।

रतन की माँ : ईश्वर दी दात मेरा पुत्तर ही नई रिया, ताँ हुण में कित्थे जाणां है ?

(मिर्ज़ा पानी पीते हैं और खड़े हो जाते हैं।)

मिर्ज़ा : ठीक है बेगम तो मैं चलता हूँ।

जावेद : मैं भी चलूँ आपके साथ।

मिर्ज़ा : नहीं, तुम यहीं घर पर रहो...हो सकता है इस बुढ़िया ने कुछ और लोगों को भी घर में छिपाया हो।

रतन की माँ : रब दी सौं...मनू छोड़ के इत्थे कोई नहीं है।

मिर्ज़ा : नहीं बेटे...तुम यहीं रुको...

(मिर्ज़ा चले जाते हैं।)

हमीदा बेगम : खुदा हाफिज़

(हमीदा बेगम, जावेद और तन्नो मंच के दाहिनी तरफ से हट जाते हैं।)

मिर्ज़ा : खुदा हाफिज़।

बेगम : तन्नो...तुमने बावरचीखाना देखा ?

तन्नो : जी अम्मीजान।

बेगम : बर्तन तो अपने पास हैं ही...तुम जल्दी-जल्दी खाना पका लो...तुम्हारे अब्बा के लौटने तक तैयार हो जाए तो अच्छा है।

तन्नो : अम्मी जान बावरचीखाने में...लकड़ियाँ और कोयले नहीं हैं...खाना काहे पर पकेगा ?

हमीदा बेगम : लकड़ियाँ और कोयले नहीं हैं ?

तन्नो : एक भी लकड़ी नहीं है।

हमीदा : तो फिर खाना क्या खाक पकेगा ?

रतन की माँ : बेटी, बरांदे दे खब्बे हाथ दी तरफ वाली छोटी कोठड़ी च लकड़ां भरी पइयां ने...कड ले...

(हमीदा बेटी एक दूसरे को हैरत और खुशी से देखते हैं।)

अंतराल गायन

अभिनेता मंच पर आकर गाते हैं–

दिल में लहर सी उठी है अभी
कोई ताज़ा हवा चली है अभी

शोर बरपा है खान-ए-दिन में
कोई दीवार-सी गिरी है अभी

भरी दुनिया में जी नहीं लगता
जाने किस चीज़ की कमी है अभी

वक़्त अच्छा भी आयेगा 'नासिर'
ग़म न कर ज़िंदगी पड़ी है अभी

दृश्य : तीन

(कस्टोडियन आफीसर का कार्यालय। दो-चार मेज़ों पर क्लर्क बैठे हैं। सामने दरवाज़े पर 'कस्टोडियन आफीसर' का बोर्ड लगा है। दरवाज़े पर खान चौकीदारनुमा चपरासी बैठा है। आफिस में बड़ी भीड़ है। सिकंदर मिर्ज़ा किसी क्लर्क से बातें कर रहे हैं। अचानक क्लर्क ज़ोरदार ठहाका लगाता है। दूसरे क्लर्क चौंककर उसकी तरफ देखने लगते हैं।)

क्लर्क–1 : हा-हा-हा...ये भी खूब रही... *(दूसरे क्लर्कों से)* अरे यारो काम तो होता ही रहेगा होता ही आया है, ज़रा तफरीह भी कर लो...ये भाईजान एक बड़ी मुसीबत में पड़ गए हैं। इनकी मदद करो।

क्लर्क–2 : बाइस कमरों की हवेली एलाट कराने के बाद भी मुश्किल में फँस गए हैं।

क्लर्क–3 : अरे ये तो बाईस कमरों की हवेली का कबाड़ ही नीलाम कर दें तो परेशानियाँ भाग खड़ी हो।

(क्लर्क हँसते हैं।)

क्लर्क–1 : मियां, इनकी जान के लाले पड़े हैं और आप लोग हँसते हैं।

क्लर्क–2 : अमाँ साफ-साफ बताओ...पहेलियाँ क्यों बुझा रहे हो।

सिकंदर मिर्ज़ा : जनाब बात ये है कि जो हवेली मुझे एलाट हुई है उसमें एक बुढ़िया रह रही है।

क्लर्क–2 : क्या मतलब ?

सिकंदर मिर्ज़ा : मैं...उसमें...मतलब हवेली खाली ही नहीं है...वो मुझे एलाट कैसे हो सकती है।

क्लर्क–3 : हम समझे नहीं आपको परेशानी क्या है।

सिकंदर मिर्ज़ा : अरे साहब, हवेली में बुढ़िया रौनक अफरोज़ है...कहती हैं उनके रहते वहाँ कोई और रह नहीं सकता...मुझे पुलिस दीजिए...ताकि मैं उस कमबख्त से हवेली खाली करा सकूँ।

क्लर्क–1 : मिर्ज़ा साहब एक बुढ़िया को हवेली से निकालने के लिए आपको पुलिस की दरकार है।

सिकंदर मिर्ज़ा : फिर मैं क्या करूँ ?

क्लर्क–2 : करें क्या...'हटवा' दीजिए उसे।

सिकंदर मिर्ज़ा : जी मतलब...

क्लर्क–3 : अब 'हटवा' देने का तो मैं आपको मतलब बता नहीं सकता ?

क्लर्क–3 : जनाब मिर्ज़ा साहब आप चाहते क्या हैं।

सिकंदर मिर्ज़ा : बुढ़िया हवेली से चली जाए...उसे कैंप में दाखिल करा दिया जाए और वो हिन्दोस्तान...

क्लर्क–3 : हिन्दोस्तान नहीं भारत कहिए...भारत...

सिकंदर मिर्ज़ा : जी भारत भेज दी जाए।

क्लर्क–1 : तो आप इसकी दरखास्त कस्टम आफीसर से करेंगे...

सिकंदर मिर्ज़ा : जी जनाब...मैं दरखास्त लाया हूँ।
(जेब से दरखास्त निकालता है।)

क्लर्क–1 : मिर्ज़ा साहब, आप जानते हैं, हमारे कस्टोडियन आफीसर जनाब अली मुहम्मद साहब क्या तहरीर फरमाएँगे ?

सिकंदर मिर्ज़ा : क्या ?

क्लर्क–2 : वो लिखेंगे...आपके नाम दूसरा मकान एलाट कर दिया।

सिकंदर मिर्ज़ा : ज..ज...जी...जी...दूसरा।

क्लर्क–1 : और बाइस कमरों की हवेली को अपने किसी सिंधी अजीज़ की जेब में डाल देगा...मोहाजिरों की कमी है पाकिस्तान में ?

सिकंदर मिर्ज़ा : कुछ समझ में नहीं आता...

क्लर्क–2 : जनाब आप किस्मत वाले हैं, जो धुप्पल में आपको इतनी बड़ी हवेली शहरे लाहौर के दिल कूचा जौहरियाँ में मिल गई।

क्लर्क–2 : आपके दरख़ास्त देते ही आप और बुढ़िया दोनों पहुँच जाएँगे कैंप में और कोई सिंधी बाइस कमरों की हवेली में दनदनाता फिरेगा।

सिकंदर मिर्ज़ा : कुछ समझ में नहीं आ रहा क्या करूँ।

क्लर्क–1 : अरे चुप बैठिए।

सिकंदर मिर्ज़ा : और बुढ़िया...

क्लर्क–3 : अरे साहब बुढ़िया न हुई शेर हो गया...क्या आपको खाए जा रही है ? क्या आपको मारे डाल रही है ? क्या आपको हवेली से निकाले दे रही है ? नहीं, तो बैठिए...आराम से।

क्लर्क–1 : क्या उम्र बताते हैं आप ?

सिकंदर मिर्ज़ा : पैंसठ से ऊपर है।

क्लर्क–2 : अरे जनाब तो बुढ़िया आबे-हयात पिए हुए तो होगी नहीं...दो-चार साल में जहन्नुम वासिल हो जाएगी...पूरी हवेली पर आपका कब्ज़ा हो जाएगा...आराम से रहिएगा आप। क़सम ख़ुदा की बिला वजह परेशान हो रहे हैं।

सिकंदर मिर्ज़ा : बजा फरमाते हैं आप...कैंप में गुजारे दो महीने याद आ जाते हैं तो सातों तबक रौशन हो जाते हैं। अल अमानो अल हफीज़...अब मैं किसी कीमत पर हवेली नहीं छोड़ूँगा...

क्लर्क–2 : अजी मिर्ज़ा साहब एक बुढ़िया को न राहे रास्त पर ला सके तो फिर हद है।

सिकंदर मिर्ज़ा : आ जाएगी...आ जाएगी...वक्त लगेगा।

क्लर्क–1 : अरे साहब और कुछ नहीं तो याकूब साहब से बात कर लीजिए...जी हाँ याकूब खां...पूरा काम बना देंगे एक झटके में...

(उँगली गर्दन पर रखकर गर्दन कटने की आवाज़ निकालता है।)

अंतराल गायन

(अभिनेताओं की टोली मंच पर आकर गाती है)

शहर सुनसान है किधर जायें
ख़ाक होकर कहीं बिखर जायें।

रात कितनी गुज़र गयी लेकिन
इतनी हिम्मत नहीं कि घर जायें।

उन उजालों की धुन में फिरता हूँ
छब दिखाते ही जो गुज़र जायें।

रैन अँधेरी है और किनारा दूर
चाँद निकले तो पार उतर जायें।

दृश्य : चार

(सिकन्दर मिर्ज़ा, हमीदा बेगम, तन्नो और जावेद खामोश बैठे हैं। सब सोच रहे हैं।)

हमीदा बेगम : तो कस्टोडियन वाले मुए बोले क्या ?

सिकंदर मिर्ज़ा : भई वही तो बताया तुम्हें...उन्होंने कहा इस मामले को आप अपने तौर पर ही सुलझा लें तो आपका फायदा है। क्योंकि अगर आपने इसकी शिकायत की तो कस्टोडियन आफिसर आपसे ये मकान छीनकर अपने किसी सिंधी अज़ीज़ को दे देगा।

हमीदा बेगम : वाह भई वाह...ये खूब रही...मारें भी और रोने भी न दें !

सिकंदर मिर्ज़ा : ये सब छोड़ो, अब ये बताओ कि इन मोहतरमा से कैसे निपटा जाए।

हमीदा बेगम : ऐ मैं उस हरामज़ादी को चोटी पकड़कर बाहर निकाले देती हूँ...हो गया किस्सा तमाम।

जावेद : और क्या हमारे पास सारे कागज़ात हैं।

सिकंदर मिर्ज़ा : कागज़ात तो उसके पास भी हैं।

तन्नो : उसके कागजात ज़्यादा अहम हैं।

जावेद : क्यों ?

तन्नो : भइया, अगर कोई शख्स इधर-से-उधर आया गया नहीं तो उसकी जायदाद कस्टोडियन में कैसे चली जाएगी।

सिकंदर मिर्ज़ा : हाँ, फ़र्ज करो बुढ़िया को हम निकाल देते हैं और वो पुलिस में जाकर रपट लिखवाती है कि वो भारत नहीं गई है और उसकी हवेली पर कस्टोडियन को कोई इख़्तियार नहीं तो क्या

होगा।

हमीदा बेगम : फिर क्या किया जाए।

सिकंदर मिर्ज़ा : बुढ़िया चली भी जाए और हायतोबा भी न मचाये...जावेद मियां उसे चुपचाप ले जाएँ और हिंदुओं के कैंप में छोड़ आएँ।

हमीदा बेगम : तो बुलाऊँ उसे ?

सिकंदर मिर्ज़ा : रुक जाओ...बात पूरी तरह समझ लो...देखो उससे ये भी कहा जा सकता है कि पाकिस्तान में अब सिर्फ मुसलमान ही रह सकेंगे...और उसे यहाँ रहने के लिए मज़हब बदलना पड़ेगा...ये कहने पर हो सकता है वो भारत जाने के लिए तैयार हो जाए।

हमीदा बेगम : समझ गई...तन्नो बेटी जाओ जाकर उसे आवाज़ दो।

तन्नो : क्या कह कर आवाज़ दूँ...बड़ी बी कहकर पुकारूँ।

हमीदा बेगम : ए अपना काम निकालना है, दादी कहकर आवाज़ दे देना, बुढ़िया खुश हो जाएगी।

(तन्नो लोहे की सलाखों वाले दरवाज़े के पास जाकर आवाज़ देती है)

तन्नो : दादी...दादी...सुनिए दादी...

(ऊपर से बुढ़िया की काँपती हुई आवाज आती है)

रतन की माँ : कोण है...कोण आवाज दे रेआ है।

तन्नो : मैं हूँ दादी तन्नो...नीचे आइए...

रतन की माँ : आन्दीयाँ बेटी, आन्दियाँ।

(रतन की माँ दरवाजे पर आ जाती है।)

रतन की माँ : अज किन्ने दिनां बाद हवेली च दादी दादी दी आवाज सुणी ऐ। *(काँपती आवाज में)* अपनी पौत्री राधा दी याद आ गई...

तन्नो : *(घबराकर)* दादी, अब्बा और अम्माँ आपसे कुछ बात करना चाहते हैं।

(रतन की माँ दरवाजा खोलकर आ जाती है और तन्नों के साथ चलती वहाँ तक आती है जहाँ सिकंदर मिर्जा और हमीदा बेगम बैठे हैं)

सिकंदर मिर्ज़ा : आदाब अर्ज है...तशरीफ रखिए।

हमीदा बेगम : आइए बैठिए।

रतन की माँ : जीन्दे रहो...पुत्तर जीन्दे रहो...त्वाड़ी कुड़ी ने आज मैनूं 'दादी' कह के पुकारेया *(आँख से आँसू पोंछती हुई)*।

सिकंदर मिर्ज़ा : माफ कीजिए, आपके जज्बात को मजरूह करना हमें मंजूर न था। हम आपका दिल नहीं दुखाना चाहते थे...

रतन की माँ : नई...नई। दिल कित्थे दुख्या है। उसन मैनूं खुश कर देत्ता...बहुत खुश।

सिकंदर मिर्ज़ा : देखिए...आप हमारी मजबूरी को समझिए..हम वहाँ से लुटे पिटे आए हैं...मालो-दौलत लुट गया..बेसहारा और बेमददगार यहाँ के कैंप में महीनों पड़े रहे...खाने का ठीक न सोने का ठिकाना...अब खुदा खुदा करके हमें ये मकान एलाट हुआ है...अपने लिए न सही बच्चों की ख़ातिर ही सही अब लाहौर में जमना है। लखनऊ में मेरा चिकन का कारखाना था। यहाँ देखिए अल्लाह किस तरह रोज़ी-रोटी देता है...

हमीदा बेगम : अम्माँ, हमने बड़ी तकलीफें उठाई हैं, इतना दुःख उठाया है कि अब रोने के लिए आँख में आँसू भी नहीं हैं।

रतन की माँ : बेटी, तुसी फिक्र न करो...मेरे कोलो जो हो सकेगा, करांगी।

हमीदा बेगम : देखिए हमारी आपसे यही गुज़ारिश है कि ये हवेली हमें एलाट हो चुकी है...और पाकिस्तान बन चुका है...आप हिंदू हैं...आपका यहाँ रहना ठीक भी नहीं है...आप मतलब...

सिकंदर मिर्ज़ा : बग़ैर जड़ के दरख्त कब तक हरा-भरा रह सकता है ? आपके अज़ीज़ रिश्तेदार, मोहल्लेदार सब हिंदुस्तान जा चुके हैं...अब वही आपका मुल्क है...आप यहाँ कब तक रहिएगा ?

हमीदा बेगम : अभी तक तो फिर भी गनीमत है...लेकिन सुनते हैं पाकिस्तान में जितने भी गैर मुस्लिम रह जाएँगे उन्हें जबर्दस्ती मुसलमान बनाया जाएगा...इसलिए...

रतन की माँ : बेटी, कोई बार-बार नहीं मरदा...मैं मर चुकी हां मनूं पता है। रतन और उसदे बीवी बच्चे हुण इस दुनियां विच नई हैं...मौत और जिंदगी विच मेरे वास्ते कोई फर्क नई बचया।

सिकंदर मिर्ज़ा : लेकिन..

हमीदा बेगम : हवेली त्वाडे नाम एलाट हो गई है। तुसी रहो। त्वानू रहने तो कौन रोक रया है...जित्थे तक मेरी हवेली तो निकल जाण

दा स्वाल है...मैं पहले ही मना कर चुकी आं...

सिकंदर मिर्ज़ा : *(गुस्से में)* देखिए आप हमें गैर मुनासिब हरकत करने के लिए मजबूर...

रतन की माँ : अगर तुसी इस तरह ही समझदे हो तां जो मरजी आए करो... **(रतन की माँ उठ कर सीढ़ियों की तरफ चली जाती हैं।)**

हमीदा बेगम : निहायत सख़्त दिल औरत है, डायन।

तन्नो : किसी बात पर तैयार ही नहीं होती।

जावेद : अब्बा जान अब मुझे इजाज़त दीजिए।

सिकंदर मिर्ज़ा : ठीक है बेटा...तुम जो चाहो करो...

हमीदा बेगम : लेकिन खतरा न उठाना बेटा।

जावेद : *(हंसकर)* खतरा...

(अंतराल गायन)

अभिनेता मंच पर आकर गाते हैं।

फूल खुशबू से जुदा है अबके
यारों ये कैसी हवा है अबके

पत्तियाँ रोती हैं सिर पीटती हैं
क़त्ले गुल आम हुआ है अबके

मंज़रे ज़ख़्मे वफ़ा किसको दिखायें
शहरे में कहते वफ़ा है अबके

वो तो फिर ग़ैर थे लेकिन यारों
काम अपनों से पड़ा है अबके

दृश्य : पाँच

(चाय की दुकान। अलीमउद्दीन चायवाला, जावेद मिर्जा, पहलवान, अनवार, सिराज, रज़ा, नासिर काज़मी। अलीमउद्दीन चाय बना रहा है। पहलवान, अनवार, सिराज और रज़ा चाय पी रहे हैं।)

पहलवान : ओय अलीमा, इद्दर कितने मकान एलाट हो गए।

अलीम : इधर तो समझो गली की गली ही एलाट हो गई पहलवान।

पहलवान : मोहिन्दर खन्ना वाला मकान किन्नू एलाट हुआ है ?

अलीम : अब मैं क्या जानूँ पहलवान...ये जो उधर से आए हैं...अपनी तो समझ में आए नहीं...छटांक-छटांक भर के आदमी...लस्सी का एक गिलास नहीं पिया जाता उनसे...

पहलवान : अबे तू ए सब छड्ड...मैं पूछ रिया सी मोहिन्दर खन्ना वाले मकान में कौन आया है।

अलीम : कोई सायर है...नासिर काज़मी।

पहलवान : ताँ गया मोहिन्दर खन्ना दा भी मकान...और रतन लाल जौहरी दी हवेली ?

अलीम : उसमें तो परसों ही कोई आया है...तांगे पर सामान-वामान लाद कर...उसका लड़का कल ही इधर से दूध ले गया है... उधर कुछ मुसीबत हो गई है पहलवान। कुछ समझ नहीं आ रिया।

पहलवान : क्या गल्ल है ?

अलीम : अरे कह रिया था रतन जौहरी की माँ...तो हवेली में है।

पहलवान : *(उछलकर)* नहीं।

अलीम : हाँ हाँ...वही लड़का बता रहा था...बेचारा बड़ा परेशान था। कह रिया था...कह रिया था छः महीने बाद मकान भी एलाट हुआ तो ऐसा जहाँ कोई रह रिया है।

पहलवान : तुझे कैसे मलूम कि वो रतन जौहरी की माँ है ?

अलीम : लड़का बता रहा था उस्ताद...

पहलवान : *(धीरे से)* वह बच कैसे गई...इसका मतलब है अभी और बहुत कुछ दब रख्या है उसने...

अनवार : बाइस कमरों की तो हवेली है उस्ताद कहीं छुप गई होगी।

सिराज : एक-एक कमरा छान मारा था हमने तो।

पहलवान : रज़ा, तू चला जा और उस नू बुला ले आ...

अलीम : किसे ?

पहलवान : ओसे नू जिस नू रतन जौहरी की हवेली एलाट हुई है।

अलीम : पहलवान...उसके बाप को एलाट हुई है।

पहलवान : अरे तू मुण्डे को ही बुला ला...

रज़ा : ठीक है पहलवान।

(रज़ा निकल जाता है।)

पहलवान : अजै दही और मथा जाएगा...अजै घी और निकलेगा।

अनवार : लगता तो यही है उस्ताद।

पहलवान : ओय लगता क्या पक्की गल्ल है।

(नासिर काजमी आते हैं। पहलवान उनकी तरफ शक्की नज़रों से देखता है)

अलीम : सलाम अलैकुम काजमी साहब।

नासिर : वालेकुम सलाम...कहो भाई चाय-वाय मिलेगी ?

अलीम : हाँ-हाँ बैठिए काज़मी साहब...बस भट्टी सुलग ही रही है।

(नासिर बेंच पर बैठ जाते हैं)

पहलवान : त्वाडी तारीफ।

नासिर : वक्त के साथ हम भी ऐ नासिर
ख़ार-ओ-ख़स की तरह बहाये गए।
(चाय की चुस्की लेकर पहलवान से) आपकी तारीफ ?

पहलवान : *(फ़ख्र से)* कौम दा ख़ादिम हाँ।

नासिर : तब तो आपसे डरना चाहिए।

पहलवान : क्यों ?

नासिर : ख़ादिमों से मुझे डर लगता है।

पहलवान : की मतलब ?

नासिर : भाई दरअसल बात ये है कि मुल्क और दिल ही नहीं बदले हैं। लफ्ज़ों के मतलब भी बदल गए हैं...ख़ादिम का मतलब हो गया है हाकिम...और हाकिम से कौन नहीं डरता ?

अलीम : *(ज़ोर से हँसता है)* चुभती हुई बात कहना तो कोई आपसे सीखे नासिर साहब।

नासिर : भई बकौल 'मीर'—

हमको शायर न कहो 'मीर' के हमने साहेब
रंजोगम कितने जमा किए कि दीवान किया।

तो भाई जब तार पर चोट पड़ती है तो नग़मा अपने आप फूटता है।

(रज़ा और अलीम जावेद के साथ आते हैं)

पहलवान : सलाम अलैकुम...

जावेद : वालेकुस्सलाम।

पहलवान : तुसी लोकां नू रतन लाल जौहरी दी हवेली एलाट हुई है।

जावेद : जी हां।

पहलवान : सुन्या उसमें बड़ा झगड़ा है।

जावेद : आपकी तारीफ ?

(पहलवान ठहाका लगाता है)

अलीम : पहलवान को इधर बच्चा-बच्चा जानता है...पूरे मुहल्ले के हमदर्द हैं...जो काम किसी से नहीं होता पहलवान बना देते हैं।

सिराज : वलीशाह के अखाड़े के उस्ताद हैं पहलवान।

अनवार : हम सब पहलवान के चेली चापड़ हैं !

पहलवान : तां की झगड़ा है ?

जावेद : रतन जौहरी की माँ हवेली में रह रही है।

पहलवान : ए कैसे हो सकदा है।

जावेद : है...हमने उसे देखा है, उससे बात की है...

पहलवान : तां फिर की सोचा है ?

जावेद : अजीब बुढ़िया है...कहती है मैं कहीं नहीं जाऊँगी। हवेली

में ही रहूँगी।

पहलवान : जरूर तगड़ा मालमताल गाड़ रखा होगा। तो ताँ तूं की कीता ?

जावेद : अब्बा कस्टोडियन के दफ्तर गए थे। दफ्तर वाले कहते हैं, हवेली खाली कर दो। तुम्हें दूसरी दे देंगे।

पहलवान : ए चंगी रही...बुड़ी से नहीं खाली कराएँगे...तुमसे कराएँगे...फेर ?

जावेद : फिर क्या, हम लोग तो बड़े परेशान हैं।

पहलवान : ओय इसमें परेशानी की तो कोई बात नहीं है।

जावेद : तो क्या करें ?

पहलवान : तू कुछ नहीं कर सकेगा...करेगा ओई जो कर सकता है। **(नासिर उठकर चले जाते हैं।)**

जावेद : क्या मतलब ?

पहलवान : साफ-साफ सुण ले...जद तक बुड़ी ज़िंदा है...हवेली पर तुम्हारा कब्ज़ा नहीं हो सकता...और बुड़ी से तुम निपट नहीं सकदे...असी उस नू ठिकाणे लगा सकदे हाँ...पर ओ वी आसान नहीं है...पहले जो कम मुफ्त हो जान्दा सी अब उसके पैसे लगने लगे हैं...समझे।

जावेद : हाँ, समझ गया।

पहलवान : अपने अब्बा नू कह...दो-चार हज़ार रुपए दे...लालच में कहीं लक्खा दी हवेली हाथ से न निकल जाए।

अंतराल गायन

(अभिनेता मंच पर आकर गाते हैं)

शहर दर शहर घर जलाए गए
यूँ भी जश्ने तरब मनाए गए

एक तरफ झूम कर बहार आई
एक तरफ आशयाँ जलाए गए

क्या कहूँ किस तरह सरे बाज़ार
अस्मतों के दिए बुझाए गए

आह तो ख़िलवतों के सरमाए
मजम-ए-आम में लुटाए गए

वक्त के साथ हम भी ऐ नासिर
ख़ार-ओ-ख़स की तरह बहाए गए।

दृश्य : छः

(हमीदा बेगम बैठी सब्जी काट रही है। तन्नो आती है।)

तन्नो : अम्माँ, बेगम हिदायत हुसैन कह रही हैं कि उनका नौकर टाल पर कोयले लेने गया था, वहाँ कोयले ही नहीं हैं। कह रही हैं...हमें एक टोकरी कोयले उधार दे दो...कल वापस कर देंगे।

हमीदा बेगम : ऐ बीवी होशों में रहो...हमें क्या हक़ है...दूसरों की चीज़ उधार देने का...कोयले तो रतन की अम्माँ के हैं।

तन्नो : अम्माँ, हिदायत साहब ने कुछ लोगों को खाने पर बुलाया है। भाभी जान बेचारी बेहद परेशान हैं। घर में न लकड़ी है...ना कोयले...खाना पक्के तो काहे पर पक्के।

हमीदा : ऐ तो मैं क्या बताऊँ...रतन की अम्माँ से पूछ लो...कहे तो एक टोकरी क्या चार टोकरी दे दो।

(तन्नो सीढ़ियों की तरफ जाती है और आवाज देती है।)

तन्नो : दादी...दादी माँ...सुनिए...दादी माँ...

(ऊपर से आवाज़)

रतन की माँ : आई बेटी आई...तू जुग जुग जीवें **(आते हुए)** मैं जादवी तेरी आवाज सुनदी आं...मनूं लगदा हय कि मैं जिन्दा हां...

(रतन की माँ सीढ़ियों पर से उतरकर दरवाजे में आती है और ताला खोलने लगती है।)

रतन की माँ : तेरी माँ दी तबीअत कैसी है ?

तन्नो : अच्छी है।

रतन की माँ : कल रात किस दे कन विच दर्द हो रिआ सी।

तन्नो : हाँ, अम्माँ के ही कान में था।

रतन की माँ : ताँ फिर मेरे तों दवा लै लैंदी...ऐ छोटे-मोटे इलाज ते मैं खुद कर लेंदी हाँ।

(रतन की माँ चलती हुई हमीदा बेगम के पास आ जाती है।)

हमीदा बेगम : आदाब बुआ।

रतन की माँ : बेटी...तू मेरी पुत्तर दे बराबर है...माँ जी बुलाया कर मैनूं।

हमीदा बेगम : बैठिए माँजी।

(रतन की माँ बैठ जाती है।)

रतन की माँ : मैं कय रही सी कि छोटी-मोटी बीमारियाँ दी दवाइयाँ मैं अपने कोल रखदी हाँ। रात-बिरात कदी ज़रूरत पै जाये ते शरम नई करना।

तन्नो : दादी, पड़ोस के मकान में हिदायत हुसैन साहब हैं न।

रतन की माँ : केणे मकान विच, गजाधर वाले मकान विच ?

तन्नो : जी हाँ...उनकी बेगम को एक टोकरी कोयलों की ज़रूरत है। कल वापस कर देंगी...आप कहें तो...

रतन की माँ : *(बात काट कर)* लै भला ऐ वी काई पूछन दी गल है। इक टोकरी नहीं दो टोकरी दे देवो।

हमीदा बेगम : ये बताइए माँ जी यहाँ लाहौर में चचींडे नहीं मिलते ? हमारे यहाँ लखनऊ में तो यही मौसम है चचीडों का...कड़वे तेल और अचार के मसाले में बड़े लज़ीज़ पकते हैं।

रतन की माँ : चचीडे...कैसे होंदे ने बेटी, मैनूं समझाओ...साडी पंजाबी विच की कैंदे ने उना नूँ ?

हमीदा बेगम : माँजी ककड़ी से थोड़ा ज़्यादा लम्बे-लम्बे। हरे और सफेद होते हैं...चिकने होते हैं।

रतन की माँ : लै भला...साडे वल होंदे क्यों नहीं...बहुत होंदे ने...ओना नू इद्दर खिराटा कैंदे ने...अपने पुत्तर से कहना सब्जी बाज़ार विच रहीम दी दूकान पूछ लै...उत्थे मिल जाएँगे।

हमीदा बेगम : ऐ ये शहर तो हमारी समझ में आया नहीं...यहाँ निगडमारी समनक नहीं मिलती।

रतन की माँ : बेटी लाहौर तों बड्डा दूजा शहर ते साड्डे हिंछुस्तान विच है ही नहीं...मसल मशहूर है कि जिस लाहौर नई देख्या ओ जम्याइ ही नई।

हमीदा बेगम : ऐ लेकिन लखनऊ का क्या मुकबला।

रतन की माँ : मैं तां कदी लखनऊ गयी नहीं...हाँ चाली साल पहले दिल्ली ज़रूर गई सी...बड़ा उजड़या-उजड़या जा शहर सी।

हमीदा बेगम : माँ जी यहाँ रुई कहाँ मिलती है।

रतन की माँ : रुई...अरे रुई दा तां बहुत बड्डा बजार है...देखो जावेद नू कहो एत्थों निकले रेजीडेंसी रोड तों गली हारीओम वाली च मुड़ जाए, उत्थों छत्ता अकबर खाँ पहुँचेगा...उत्थे दो गलियाँ जान्दियां सज्जे खब्बे दिखाई देंणगियां...इक है गली रुई वाली...सैकड़ों रुई दियां दुकानां।

(सिकंदर मिर्ज़ा अंदर हैं। रतन की माँ को देख कर बुरा-सा मुँह बनाते हैं।)

रतन की माँ : जीवंदे रहो पुत्तर...कैसे हो।

सिकंदर मिर्ज़ा : दुआ है आपकी...शुक्र है अल्लाह का।

रतन की माँ : *(उठते हुए)* बेटी लाहौर विच सब कुछ मिलदा है...जद कोई दिक्कत होय तां मनूं पुछ लेणा...चप्पे-चप्पे तो वाकिफ हाँ लाहौर दे...अच्छा जीदी रह...मैं चलाँ।

(चली जाती है)

सिकंदर मिर्ज़ा : *(बिगड़कर)* ये क्या मज़ाक....हम इनसे पीछा छुड़ाने के चक्कर में हैं और आप इन्हें गले का हार बनाए हुए हैं।

हमीदा बेगम : ऐ नौज, मैं क्यों उन्हें बनाने लगी गले का हार। हिदायत हुसैन साहब की ज़रूरत न होती तो मैं बुढ़िया से दो बातें भी नहीं करती।

सिकंदर मिर्ज़ा : हिदायत हुसैन की ज़रूरत ?

हमीदा बेगम : जी हाँ...घर में न कोयले हैं न लकड़ी...दोस्तों को दावत दे बैठे हैं...बेगम बेचारी परेशान थीं। लकड़ी की टाल पर भी कोयले नहीं थे। हमसे माँग रही थी तब ही बुढ़िया को बुलाया था। कोयले तो उसी के हैं न।

सिकंदर मिर्ज़ा : देखिए उसका इस घर में कुछ नहीं है...एक सुई भी उसकी नहीं है। सब कुछ हमारा है।

हमीदा बेगम : ये कैसी बातें कर रहे हैं आप।

सिकंदर मिर्ज़ा : बेगम हम इसी तरह दबते रहे तो हवेली हाथ से निकल

जायेगी...

(तन्नो की तरफ देखकर, जो सब्जी काट रही है।)

तन्नो तुम यहाँ से जरा हट जाओ बेटी...तुम्हारी अम्माँ से मुझे कुछ ज़रूरी बात करनी है।

(तन्नो हट जाती है।)

सिकंदर मिर्ज़ा : *(राज़दारी से)* जावेद ने बात कर ली है...इस बुढ़िया से पीछा छुड़ा लेना ही बेहतर है...कल को इसका कोई रिश्तेदार आ पहुँचा तो लेने के देने पड़ जायेंगे।

हमीदा बेगम : लेकिन कैसे पीछा छुड़ाआगे ?

सिकंदर मिर्ज़ा : जावेद ने बात कर ली है।

हमीदा बेगम : अरे किससे बात कर ली है...क्या बात कर ली है ?

सिकंदर मिर्ज़ा : वो लोग एक हजार रुपए माँग रहे हैं।

हमीदा बेगम : क्यों...एक हजार तो बड़ी रकम है।

सिकंदर मिर्ज़ा : बुढ़िया जहन्नुम वासिल हो जाएगी।

हमीदा बेगम : *(चौंककर, घबराकर डर कर)* नहीं।

सिकंदर मिर्ज़ा : और कोई रास्ता नहीं है।

हमीदा बेगम : नहीं...नहीं...खुदा के लिए नहीं...मेरे जवान जहान बच्चे हैं, मैं इतना बड़ा अज़ाब अपने सिर नहीं ले सकती।

सिकंदर मिर्ज़ा : क्या बकवास करती हो।

हमीदा बेगम : नहीं...कहीं हमारे...मेरी क़सम...ये न कीजिए। उसने हमारा बिगाड़ा ही क्या है ?

सिकंदर मिर्ज़ा : ये वहेम है तुम्हारे दिल में।

हमीदा बेगम : नहीं...नहीं आपको मेरी कसम...ये न कीजिए। उसने हमारा बिगाड़ा ही क्या है।

सिकंदर मिर्ज़ा : बेगम एक काँटा है जो निकल गया तो जिंदगी भर के लिए आराम ही आराम है।

हमीदा बेगम : हाय मेरे अल्लाह, इतना बड़ा गुनाह...जब हम किसी को जिंदगी दे नहीं सकते तो हमें छीनने का क्या हक़ है ?

सिकंदर मिर्ज़ा : वो काफिरा है बेगम।

हमीदा बेगम : इसका ये तो मतलब नहीं कि उसे कत्ल करा दिया जाए। मैं तो हरगिज-हरगिज इसके लिए तैयार नहीं हूं।

सिकंदर मिर्ज़ा : अब तुम समझ लो।

हमीदा बेगम : नहीं...नहीं...तुम्हें बच्चों की क़सम ये मत करवाना।

अंतराल गायन

(अभिनेता मंच पर आकर गाते हैं)

दिल में इक लहर-सी उठी है अभी
कोई ताज़ा हवा चली है अभी

शोर बरपा है ख़ान-ए-दिल में
कोई दीवार-सी गिरी है अभी

भरी दुनिया में जी नहीं लगता
जाने किस चीज़ की कमी है अभी

शहर की बे चिराग़ गलियों में
ज़िंदगी तुझको ढूँढ़ती है अभी

वक़्त अच्छा भी आएगा 'नासिर'
ग़म न कर ज़िंदगी पड़ी है अभी

दृश्य : सात

(सिकंदर मिर्ज़ा बैठे अखबार पढ़ रहे हैं। दरवाज़े पर कोई दस्तक देता है।)

सिकंदर मिर्ज़ा : आइए...तशरीफ लाइए।

(याकूब पहलवान के साथ अनवार, सिराज, रजा और मुहम्मद शाह अन्दर आते हैं।)

सब एक साथ : सलाम अलैकुम...

सिकंदर मिर्ज़ा : वालेकुम सलाम...तशरीफ रखिए।

(सब बैठ जाते हैं)

पहलवान : त्वाडा नाम सिकंदर मिर्ज़ा है न ?

सिकंदर मिर्ज़ा : जी हाँ।

पहलवान : ऐ कूचा जौहरियाँ च रतनलाल जौहरी की हवेली है न ?

सिकंदर मिर्ज़ा : जी हाँ बेशक।

पहलवान : ऐ मेरे दोस्त हैं मुहम्मद शाह। इसनू हवेली की दूसरी मंजिल एलाट होइ है।

सिकंदर मिर्ज़ा : *(हैरत से)* जी... *(ठहरकर)* ये हवेली तो एक माह पहले मुझे एलाट हो चुकी है।

मुहम्मद शाह : लेकिन पहली मंजिल तो आपके कब्ज़े में नहीं है न ?

सिकंदर मिर्ज़ा : ये आपको किसने बताया है ?

पहलवान : त्वाडा बेटा जावेद कय रिया सी कि ऊपर वाली मंजिल ते रतनलाल जौहरी दी माँ रह रही है। मतलब पाकिस्तान ओ वी शहरे-लाहौर विच एक काफिरा...

सिकंदर मिर्ज़ा : अच्छा तो आप वही हैं, जिनसे जावेद की बात हुई थी।

पहलवान : हाँ, जी हाँ जी...

सिकंदर मिर्ज़ा : तो जनाब मुहम्मद शाह, आपके नाम ऊपरी मंजिल एलाट नहीं हुई है...आप बस उस पर कब्ज़ा...

पहलवान : तुसी ठीक समझे...काफिरा दे रहन तो अच्छा है कि अपना कोई मुसलमान भाई रहे।

सिकंदर मिर्ज़ा : लेकिन ये पूरी हवेली मुझे एलाट हुई है।

पहलवान : ठीक है...ठीक है लेकिन कब्ज़ा ता नहीं त्वाडा ऊपरी मंजिल ते।

सिकंदर मिर्ज़ा : आपको इससे क्या मतलब।

पहलवान : इसदा ताँ ए मतलब निकलदा है कि तुसी एक हिन्दू काफिरा नू अपने घर विच छुपा रख्या है।

सिकंदर मिर्ज़ा : ...तो तुम मुझे धमका रहे हो पहलवान।

रज़ा : जी नहीं, बात दरअसल ये है...

सिकंदर मिर्ज़ा : *(बात काट कर)* कि ऊपर के ग्यारह कमरे क्यों न आप लोगों के कब्ज़े में आ जाएँ...

पहलवान : असी ताँ इस्लामी बिरादरी दे नाते त्वाडी मदद करन आए सी। पर त्वानू मुसलमान तो ज्यादा काफिर प्यारा है।

सिकंदर मिर्ज़ा : मुहम्मद शाह साहब, आप कस्टोडियन वालों को बुलाकर ले आएँ....वो आपको कब्ज़ा दिला सकते हैं...इस बात में इस्लाम और कुफ्र कहाँ से आ गया।

पहलवान : मिर्ज़ा साहब तुसी दस्स सकदे हो कि पाकिस्तान इसीलए बन्या सी कि इत्थे काफिर रहें ?

सिकंदर मिर्ज़ा : ये आप पाकिस्तान बनवाने वालों से पूछिए।

पहलवान : मिर्ज़ा साहब हम ये गवारा नहीं कर सकदे कि शहरे लाहौर दे कूचा जौहरियाँ में कोई काफिर दनदनाती फिरे।

सिकंदर मिर्ज़ा : जनाबे वाला आप कहना क्या चाहते हैं...मैं ये समझने से क़ासिर हूँ।

पहलवान : साडा इशारा समझो...असी एक मिनट में ऊपरी मंजिल दा फैसला कर देंगे। उत्थे उस काफिरा दी जगह मुहम्मद शाह...

सिकंदर मिर्ज़ा : देखिए हवेली पूरी की पूरी मेरे नाम एलाट हुई है।

पहलवान : चाहे उसमें काफिरा ही क्यों न रहे...तुसी...

सिकंदर मिर्ज़ा : मशविरे के लिए शुक्रिया।

पहलवान : मिर्ज़ा, फिर ओ नइ हो सकेगा जैसा तुसी चांदे हो...किसो काफिरा दे वजूद नू इत्थे नहीं बर्दाश्त किता जाएगा...

(उठते हुए सबसे)

चलो

(सिकंदर मिर्ज़ा हैरत और डर से उन सबको देखते हैं। वे चले जाते हैं। कुछ क्षण बाद हमीदा बेगम अन्दर आती है।)

हमीदा बेगम : क्यों साहब ये कौन लोग थे...ऊँची आवाज़ में क्या बातें कर रहे थे।

सिकंदर मिर्ज़ा : ये वही बदमाश था जिससे जावेद ने बात की थी।

हमीदा बेगम : लेकिन।

सिकंदर मिर्ज़ा : हाँ, फिर जावेद ने उसे मना कर दिया था। साफ कह दिया था कि हम ऐसा नहीं चाहते...लेकिन कम्बख़्त को ग्यारह कमरों का लालच यहाँ खींच लाया।

हमीदा बेगम : क्या मतलब ?

सिकंदर मिर्ज़ा : पहले कहने लगा कि उसे कस्टोडियन वालों ने ऊपरी मंजिल के ग्यारह कमरे एलाट कर दिए हैं।

हमीदा बेगम : हाय अल्ला...ये कैसे...एक मकान दो आदमियों को कैसे एलाट हो सकता है ?

सिकंदर मिर्ज़ा : वो सब झूठ है...

हमीदा बेगम : फिर...

सिकंदर मिर्ज़ा : फिर इस्लाम का ख़ादिम बन गया। कहने लगा पाकिस्तान के शहरे लाहौर में कोई काफिरा कैसे रह सकती है...जाते-जाते धमकी दे गया है कि रतन जौहरी की माँ का काम तमाम कर देगा।

हमीदा बेगम : हाय अल्ला...अब क्या होगा।

सिकंदर मिर्ज़ा : आदमी बदमाश है...मेरे ख्याल से उसे शक है कि रतन की माँ ने 'कुछ' छिपा रखा है...दरअसल उसकी नज़र 'उसी' पर है।

हमीदा बेगम : हाय तो क्या मार डालेगा बेचारी को ?

सिकंदर मिर्ज़ा : कुछ भी कर सकता है।

हमीदा बेगम : ये तो बड़ा बुरा होगा।

सिकंदर मिर्ज़ा : अजी फँसेंगे तो हम...वो तो मार-मूर और लूट खा कर चल देगा...फँस जाएँगे हम लोग।

हमीदा बेगम : हाय अल्ला फिर क्या करूं।

सिकंदर मिर्ज़ा : रात में दरवाज़े अच्छी तरह बंद करके सोना।

हमीदा बेगम : सुनिए, 'उनको' बताऊँ या न बताऊँ।

(सिकंदर मिर्ज़ा सोच में पड़ जाते हैं।)

हमीदा बेगम : बताना तो हमारा फर्ज़ है।

सिकंदर मिर्ज़ा : कहीं 'वो' ये न समझे कि ये सब हमारी चाल है ?

हमीदा बेगम : लो, ये तुमने और उलझन में डाल दिया।

सिकंदर मिर्ज़ा : ऐसा करो कि उनकी हिफाज़त का पूरा इंतज़ाम इस तरह करो कि उन्हें पता न लगने पाए।

हमीदा बेगम : ये कैसे हो सकता है।

सिकंदर मिर्ज़ा : यही तो सोचना है।

हमीदा बेगम : हाय अल्ला ये सब क्या हो रहा है...क्या मैं फरियादी मातम पढ़ूँ...

सिकंदर मिर्ज़ा : इमामबाड़ा कहाँ है घर में...खैर...देखो...वो अकेली रहती है...उनके साथ किसी मर्द का रहना...

हमीदा बेगम : मतलब तुम...

सिकंदर बेगम : *(घबराकर)* नहीं...नहीं...जावेद...

हमीदा बेगम : वो जावेद को ऊपर क्यों सुलाएँगी...और जावेद को मैं वैसे भी नहीं जाने दूँगी।

सिकंदर मिर्ज़ा : ज़िद मत करो।

हमीदा बेगम : क्या चाहते हो...मेरा एकलौता लड़का भी...

सिकंदर मिर्ज़ा : बकवास मत करो।

हमीदा बेगम : फिर क्या करूँ।

सिकंदर मिर्ज़ा : *(डरते-डरते)* तुम वहाँ...उसके साथ सो जाओ...

अमीदा बेगम : *(जलकर)* लो मर्द होकर मुझे आग के मुँह में झोंक रहे हो।

सिकंदर मिर्ज़ा : *(झुंझलाकर)* अरे तो मैं...वहाँ सो भी नहीं सकता।

हमीदा बेगम : ठीक है तो मैं ही ऊपर जाती हूँ।

सिकंदर मिर्ज़ा : नहीं।

हमीदा बेगम : ये लो...अब फिर नहीं।

सिकंदर मिर्ज़ा : ठीक है, देखो उनसे कहना...

हमीदा बेगम : अरे मुझे अच्छी तरह मालूम है। उनसे क्या कहना है। क्या नहीं कहना।

अंतराल गायन

(अभिनेता गाते हैं)
मैं हूँ रात का एक बजा है
ख़ाली रस्ता बोल रहा है

आज तो यूँ ख़ामोश है दुनिया
जैसे कुछ होने वाला है

कैसी अँधेरी रात है देखो
अपने आपसे डर लगता है।

ऐसा गाहक कौन है जिसने
सुख देकर दुःख मोल लिया है

मैं हूँ रात का एक बजा है
खाली रस्ता बोल रहा है।

दृश्य : आठ

(मस्जिद में मौला इकरामउद्दीन नमाज़ पढ़ रहे हैं। पहलवान और अनवार अंदर आते हैं। मौलाना को नमाज़ पढ़ते देखकर अलग खड़े हो जाते हैं। मौलाना नमाज़ पढ़ कर पीछे मुड़ते हैं।)

पहलवान : सलाम अलैकुम मौलवी साहब।

मौलवी : वालेकुमसलाम...

(पहलवान और अनवार आगे बढ़कर मौलाना से मुसाफ़ा करते हैं और उनके हाथ चूमते हैं)

मौलवी : अल्लाह त्वाडे दिलाँ नू अपने नूर नाल रौशन रखे...आओ... बैठो...

(तीनों मस्जिद की चटाई पर बैठ जाते हैं)

मौलवी : कहो सब ख़ैरियत है ?

पहलवान : हाँ जी...हाँ जी...

(इधर-उधर देखकर कि मस्जिद में कुछ अँधेरा-सा है और रौशनी कम है और ताक़ पर रखा एक दिया जल रहा है)

पहलवान : मैं इद्दर एक पैट्रोमैक्स लै आवाँगा।

मौलवी : खुदा का घर तो रोज़े-नमाज़ से रौशन होंदा-पहलवान...तुसी नमाज़ पढ़न आया करो...

पहलवान : *(घबराकर)* आ-वांगे जी...आ-वांगे...ज़रूर आ-वांगे।

मौलवी : इस वक़्त किवें आणा होया ?

पहलवान : जी वो गल्ल ये है की...

(रुक जाता है)

मौलवी : तुसी अल्ला दे घर विच हो...इत्थे घबराना चंगा नहीं लगदा

...दस्सो ?

पहलवान : ओ जी...गल्ल ए है कि इत्थे कुफ्र फैल रिया सी।

मौलवी : की कुफ्र पुत्तर ?

पहलवान : बड़ा भारी कुफ्र है जी।

मौलवी : तुसी दस्सो।

पहलवान : अपने मोहल्ले विच एक हिन्दू औरत रह गई सी।

मौलवी : रह गई सी, मतलब ?

पहलवान : भारत नहीं गई सी।

मौलवी : ताँ ?

पहलवान : *(घबराकर)* ...ताँ...इत्थे ही छुप गई सी। भारत नहीं गई।

मौलवी : ताँ फिर ?

पहलवान : की हिन्दू औरत इत्थे रह सकदी है ?

मौलवी : *(हँसकर)* हाँ...हाँ...क्यों नहीं।

अनवार : कुछ समझे नहीं मुल्ला जी।

पहलवान : तुसी देखो जी साडे दुश्मन साडे विच छिपे ने...

मौलाना : कौन दुश्मन...

पहलवान : हिन्दू...

मौलवी : वान्ने अहज़ मनउल मुशरकीन अस्त आदक फार्जिदा...हुक्मे खुदाबंदी है कि अगर मुश्रकीन में से कोई तुमसे पनाह माँगे तो उसको पनाह दो।

पहलवान : असी अपने मुसलमान भाइयाँ दा कत्ले-आम देख्या है। साडे दिलाँ च बदले की आग भड़क रही है।

मौलवी : पुत्तर ज़ुल्म को ज़ुल्म से खत्म नहीं कर सकदे...नेकी, शराफ़त, ईमानदारी से ज़ुल्म ख़त्म होंदा है...जानवर तक प्यार नाल पालतू बन जांदा है...तुसी इंसान ते ज़ुलम करके खुदा नू की मुँह दिखाओगे ? इस्लाम ज़ुल्म दे ख़िलाफ़ है...जो ज़ुल्म करदे ने ओ मुसलमान नहीं है...समझे...इरशाद है कि तुम ज़मीन वालों पर रहम करो, आसमान वाला तुम पर रहम करेगा।

(पहलवान और अनवार खामोश हो जाते हैं और अपने सिर झुका लेते हैं।)

पहलवान : हिन्दुआँ ने साडे ऊपर बड़े जुल्म कीते सी मौलवी साहब...असी भूल नहीं सकदे...ट्रेनाँ दी ट्रैनाँ कटके भेजियां सी...औरताँ ते बच्चियाँ नूं गाजर मूली दी तरह कट दित्ता सी।

मौलवी : तुसी ओइ करना चाहन्दे हो ?

पहलवान : हाँ बदला लेना...

मौलवी : तब तुम कैसे कह सकदे हो कि तुम मुसलमान हो और तुम्हारा मज़हब रहमदिली सिखाँदा है ?

(दोनों के मुँह लटक जाते हैं)

पहलवान : रतनलाल दी माँ भारत चली जाएगी तो...उत्थे कोई मुसलमान बिरादर रहेगा ?

मौलवी : मुसलमान बिरादर अपने बलबूते ते किदे होर नइ रह सकदा ? उस नू बूड्डी औरत दा मकान ही चाइदा है ?

(फिर दोनों के मुँह लटक जाते हैं)

मौलवी : लड़ना ही है तो अपने नफ़्स से लडो...वही सबसे बड़ा जिहाद सी...खुदगर्ज़ी, लालच, आरामो-असाइश से लड़ो...बेहारा ते बूड्डी औरत नाल लड़ना इस्लाम नहीं है।

(अंतराल समूह गायन)

ऐसा भी कोई सपना जागे
साथ मेरे इक दुनिया जागे

वो जागे जिसे नींद न आये
या कोई मेरा जैसा जागे

हवा चले तो जंगल जागे
नाव चले तो नदिया जागे

ऐसा भी कोई सपना जागे
साथ मेरे इक दुनिया जागे

दृश्य : नौ

(सुबह का वक्त है। अलीम अपने चायखाने में है। भट्टी सुलगा रहा है। उसी वक्त नासिर काज़मी और उनके पीछे-पीछे तांगेवाला हमीद अपने हाथ में चाबुक लिए अंदर आते हैं।)

नासिर : हमीद मियाँ बैठो...रोज़ की तरह आज भी अलीम पूरी रात सोता रहा है और भट्टी ठंडी पड़ी रही।

अलीम : आप बड़ी सुबह-सुबह आ गए नासिर साहब।

नासिर : भाई, जो रात में सोया हो, उसी के लिए तो सुबह होती है। **(ठहाका लगाकर हंसता है।)**

अलीम : क्या पूरी रात सोए नहीं ?

नासिर : बस मियां पूरी रात आवारागर्दी और पाँच शेर की गज़ल की नज़र हो गई।

हमीद : वैसे भी आप कहाँ सोते हैं ?

नासिर : रातें, किसी छत के नीचे सोकर बर्बाद कर देने के लिए नहीं होतीं।

अलीम : क्यों नासिर साहब ?

नासिर : इसलिए कि रात में ही दुनिया के अहम काम होते हैं। मिसाल के तौर पर फूलों में रस पड़ता है रात को...समंदरों में ज्वारभाटा आता है रात को...खुशबूएँ रात को ही जन्म लेती हैं फरिश्ते रात को ही उतरते हैं...

अलीम : आपकी बातें मेरी समझ में तो आती नहीं।

नासिर : इसका ये मतलब तो नहीं कि चाय न पिलाओगे।

अलीम : ज़रूर ज़रूर, बस दो मिनट में तैयार होती है। **(भट्टी सुलगाने लगता है।)**

अलीम : नासिर साहब कुछ नौकरी वगैरा का सिलसिला लगा ?

नासिर : नौकरी ? अरे भाई शायरी से बड़ी भी कोई नौकरी है ?

अलीम : *(हंसकर)* शायरी नौकरी कहाँ होती है नासिर साहब।

नासिर : भई देखो, दूसरे लोग आठ घंटे की नौकरी करते हैं...कुछ लोग...दस घंटे काम करते हैं...कुछ बेचारों से तो बारह-बारह घंटे काम लिया जाता है लेकिन हम शायर तो चौबीस घंटे की नौकरी करते हैं।

(नासिर जोर से हंसते हैं। हमीद उसका साथ देता है।)

हमीद : पूरी रात आप टालते आए...अब तो कुछ शेर सुना दीजिए नासिर साहब।

(पहलवान, अनवार, सिराज और रज़ा अंदर आते हैं।)

पहलवान : लै जल्दी-जल्दी चार चाय पिला।

अलीम : अच्छे मौके से आ गए पहलवान।

पहलवान : क्यों ? की होया।

अलीम : नासिर साहब गज़ल सुना रहे हैं।

पहलवान : ओ भई असी की लेना-देना है। ग़जल-वज़ल तो...ए सब झूठी गल्लाँ हैं...

नासिर : झूठ क्या है पहलवान और सच क्या है ?

पहलवान : भइ असी ग़ज़ल-वज़ल सुनदे ही नहीं...

नासिर : सच सुनने में मज़ा नहीं आता है, झूठ लोग बार-बार सुनना चाहते हैं।

हमीद : वाह नासिर साहब, क्या बात कह दी। आपके जुमले अश्आर से कम नहीं होते।

सिराज : नई जी नई...शायरी-वायरी सब बेकार है...

पहलवान : *(सिराज से)* छड न ए ये बेकार दियां गल्लां। *(बड़बड़ाता है)* पाकिस्तान विच कुफ्र फैल रिया है ते ए बैठे शायरी कर रहे ने।

अलीम : कैसे उस्ताद ? क्या हुआ ?

पहलवान : अरे वो हिंदू बुड़ी दनदनादी फिरदी है, रोज रावी विच नहान जान्दी है, पूजा करदी है...सानू सबनू ठेंगा दिखादी है। ते साडे कोलों कुछ नहीं होदा...ऐ कुफ्र नहीं फैल रिया तो और

की हो रिया है ?

नासिर : अगर इसे आप कुफ़्र मानते हैं तो आपकी नजर में ईमा़न का मतलब रोज रावी में न नहाना, पूजा न करना और किसी को अँगूठा न दिखाना होगा।

पहलवान : *(बिगड़कर)* क्या मतलब है त्वाडा।

नासिर : आपको समझाना किसके बस का काम है ?

पहलवान : जनाब वो हिंदू बुडी साडे घराँ च जादी है, साडी औरताँ, लड़कियाँ नाल मिलदी है, ओना नाल गल्ला करदी है, उना नूँ अपने मज़हब दी गल्लां दसदी है।

नासिर : तो किसी और मजहब की बातें सुनना कुफ़्र है।

पहलवान : *(बुरा मानते हुए)* तो क्या ये चंगी गल है कि साडी बहू-बेटियाँ हिंदू मजहब दी गल्लां सिखण ?

नासिर : किसी और मज़हब के बारे में मालूमात हासिल करना कुफ़्र नहीं है।

पहलवान : फिर भी बुरा ता है।

नासिर : नहीं, बुरा भी नहीं है...आपको पता ही होगा कुरान में यहूदी और ईसाई मज़हब का ज़िक्र है।

पहलवान : ईसाई ते यहूदी मजहबाँ की गल और है, हिंदू मजहब दी गल और है। फर्क है।

नासिर : क्या फर्क है ?

पहलवान : ज...ज...जी...फर्क है...कुछ न कुछ ता फर्क है...

नासिर : तो बताइए न...

(पहलवान चुप हो जाता है।)

अनवार : अजी वो तो किसी से नहीं डरती।

नासिर : क्यों डरे वो किसी से ? क्या उसने चोरी की है...या डाका डाला है, या किसी का कत्ल किया है।

सिराज : लेकिन हम ये बर्दाश्त नहीं कर सकते।

नासिर : क्या बर्दाश्त नहीं कर सकते...किसी का न डरना आप बर्दाश्त नहीं कर सकते....यानी सब आपसे डरा करें ?

पहलवान : अजी सौ दी सीधी गल्ल है, उसनू भारत क्यों नहीं भेज दित्ता जान्दा।

नासिर : क्या आपने ठेका लिया है लोगों को इधर से उधर भेजने का ? ये उसकी मर्जी है...वो चाहे यहाँ रहे या भारत जाए।

पहलवान : *(अपने चेलों से)* चले आओ चलिए...

(पहलवान गुस्से में नासिर को देखता है।)

नासिर : है यही ऐने वफा दिल न किसी का दुखा
अपने भले के लिए सबका भला चाहिए।

(पहलवान उठ जाता है और उसके साथी उसके साथ बाहर निकल जाते हैं)

नासिर : यार अलीम एक बात बता ?

अलीम : पूछिए नासिर साहब।

नासिर : तुम मुसलमान हो ?

अलीम : हाँ, हूँ नासिर साहब।

नासिर : तुम क्यों मुसलमान हो ?

अलीम : *(सोचते हुए)* ये तो कभी नहीं सोचा नासिर साहब।

नासिर : अरे भाई तो अभी सोच लो।

अलीम : अभी ?

नासिर : हाँ हाँ अभी...देखो तुम क्या इसलिए मुसलमान हो कि जब तुम समझदार हुए तो तुम्हारे सामने हर मज़हब की किताबें रखी गयीं और कहा गया कि इसमें से जो मज़हब तुम्हें पसंद आए, अच्छा लगे, उसे चुन लो ?

अलीम : नहीं नासिर साहब...मैं तो दूसरे मज़हबों के बारे में कुछ नहीं जानता।

नासिर : इसका मतलब है, तुम्हारा जो मज़हब है, उसमें तुम्हारा कोई दख़ल नहीं है...तुम्हारे माँ-बाप का जो मज़हब था...वही तुम्हारा है।

अलीम : हाँ जी बात तो ठीक है।

नासिर : तो यार जिस बात में तुम्हारा कोई दख़ल नहीं है...उसके लिए खून बहाना कहाँ तक जायज़ है ?

हमीद : खून बहाना तो किसी तरह भी जायज़ नहीं है, नासिर साहब।

नासिर : अरे तो समझाओ न इन पहलवानों को...लाओ यार एक प्याली चाय और लाओ...साले ने मूड खराब कर दिया।

(अंतराल समूह गायन)

साज़े हस्ती की सदा ग़ौर से सुन
क्यों है ये शोर बपा ग़ौर से सुन

इसी मंज़िल में है सब हिज्रो-विसाल
रहरवे आब्ला पा ग़ौर से सुन

इसी गोशे में हैं सब दैर-ओ-हरम
दिल सनम है के ख़ुदा ग़ौर से सुन

काबा सुनसान है क्यों ऐ वायज़
कान हाथों से उठा ग़ौर से सुन

दृश्य : दस

(हमीदा बेगम के घर में पड़ोस की औरतों की महफिल जमी है। फर्श पर रतन की माँ बैठी कुछ काढ़ रही है। सामने तन्नो बैठी है। तन्नो के बराबर एक 18-19 साल की लड़की साजिदा बैठी है। सामने हमीदा बेगम बैठी है। उनके सामने पानदान खुला हुआ है। हमीदा बेगम के बराबर बेगम हिदायत हुसैन बैठी हैं।)

हमीदा बेगम : *(बेगम हिदायत हुसैन से)* बहन, पान तो यहां आंख में लगाने के लिए भी नहीं मिलता...और पान के बग़ैर कत्थे चूने का मज़ा ही नहीं आता।

बेगम हिदायत : ऐ, यहां पान होता क्यों नहीं ?

रतन की माँ : पुत्तर पान ते उत्थोंई आन्दा सी...जद तों बँटवारा होया ताँ, तो मोया पान वी न्यामत हो गया।

हमीदा बेगम : माई ये शहर हमारी समझ में तो आया नहीं।

रतन की माँ : पुत्तर इस तरहाँ ना कह, लाहौर ज्या ते कोई शहर ही नहीं है दुनियाँ च।

हमीदा बेगम : लेकिन लखनऊ में जो बात है...वो लाहौर में कहाँ...

रतन की माँ : पुत्तर अपना वतन त अपना ई होंदा है...उसदा कोई बदल नहीं।

तन्नो : दादी आपने हमें उलटे फंदे जो सिखाये थे...उसमें धागे को दो बार घुमाते हैं कि तीन बार ?

रतन की माँ : देख बेटी...फिर देख लै...इस तरह पैले फंदा पा...फिर इस तरह घुमा के इदर इस तरहाँ ले जा...फिर दो फंदे और पा दे।

साजिदा : दादी आपकी पंजाबी हमारी समझ में नहीं आती।

रतन की माँ : बेटी होंण मैं कोई दूसरी जबान ताँ सिक्खण तों रई। हाँ मेरा पुत्तर रतन ज़रूर उर्दू जाणदा सी।

(आंखों के किनारे पोंछने लगती है।)

हमीदा बेगम : माई हो सकता है आपका बेटा और उसके बीवी बच्चे खैरियत से भारत में हों...

रतन की माँ : बेटी इन्ना बखत गुजर गया...अगर ओ जिंदा होंदे ताँ ज़रूर मेरी कोई खबर लेंदे।

बेगम हिदायत : माई ऐसा भी तो हो सकता है कि उन लोगों ने सोचा हो कि आप अब लाहौर में न होंगी... *(हमीदा बेगम से)* बहन आपने सुना सिराज साहब के भाई जिंदा हैं और कराची में रह रहे हैं...सिराज साहब वगैरा बेचारे के लिए रो-धोकर बैठ रहे थे।

हमीदा बेगम : हाँ, अल्ला ही रहमत से सब कुछ हो सकता है।

रतन की माँ : रेडियो तो वी कई बार ऐलान कराया है लेकिन रतन दा किधर कोई पता नहीं चलया।

बेगम हिदायत : अल्लाह पर भरोसा रखो माई...वही सबकी निगेहदाश्त करने वाला है।

रतन की माँ : ए ते है... *(आंखें पोंछते हुए)* बेटी आ गए तन्नू फंदे पाणें।

तन्नो : हाँ माई ये देखिए...

रतन की माँ : हाँ शाबाश...तु ते इतनी जल्दी सिख गई।

बेगम हिदायत : अच्छा तो अब इजाज़त दीजिए...मैं चलती हूँ।

रतन की माँ : बेटी त्वानूँ जद वी रजाई तलाई च तागे पाणें होंण तां मैन्नू बुला लेणां। मैं ओ वी करा दवांगी।

बेगम हिदायत : अच्छा माई शुक्रिया...मैं ज़रूर आपको तकलीफ दूँगी...और खाँसी की जो दवा आपने बना दी थी...उससे बेटी को बड़ा फायदा हुआ है। अब खत्म हो गई है।

रतन की माँ : ताँ की होया, ताँ फिर बणा दबाँगी...इस विच की है, तू मुलैठी, काली मिर्ज, शहाद और सोंठ मँगा के रख लई बस।

हमीदा बेगम : तो बहन आती रहा कीजिए।

बेगम हिदायत : हां, ज़रूर...और आप भी आइए...माई के साथ।

हमीदा बेगम : *(हंसकर)* माई के साथ ही मैं घर से निकलती हूं। लेकिन माई जैसा खिदमत का जज्बा कहाँ से लाऊँ...ये तो सुबह से निकलती हैं तो शाम ही को लौटती हैं।

रतन की माँ : बेटी जद तक इस शरीर विच ताकत है तद तक ही सब कुछ है नहीं तों एक दिन त्वाडे लोकाँ ते बोझ बणना ही है।

हमीदा बेगम : माई हम पर आप कभी बोझ नहीं होंगी...हम खुशी-खुशी आपकी खिदमत करेंगे।

बेगम हिदायत : अच्छा खुदा हाफिज।

(बेगम हिदायत चली जाती है।)

रतन की माँ : अजे मनूँ आफताब साहब दे घर जाणा है...जिन्ना दे वड्डे मुंडे नूँ माता निकल आई है ना...वो बड़ी परेशान है। इक मुंडा बीमार, दूसरा घर दे सारे कामकाज करने होन। मैं मुंडे कौल बैठाँगी ताँ ओ बेचारी घर दा चूल्हा चौका करेगी।

(सिकंदर मिर्जा आते हैं।)

सिकंदर मिर्जा : आदाब अर्ज़ है माई।

रतन की माँ : जीन्दा रह पुत्तर।

सिकंदर मिर्जा : रहते एक ही घर में हैं लेकिन आपसे मुलाकात इस तरह होती है जैसे अलग-अलग मोहल्लां में रहते हों।

हमीदा बेगम : माई घर में रहती कहाँ हैं। तड़के रावी में नहाने चली जाती हैं। उसके बाद कभी सुबह अकील साहब के यहाँ बड़ियाँ डाल रही हैं, तो कभी नफीसा को अस्पताल ले जा रही हैं, कभी बेगम आफताब के लड़के की तीमारदारी कर रही हैं तो शाम को सकीना को अचार-डालना सिखा रही हैं...रात में दस बजे लौटती हैं। हम लोगों से मुलाकात हो तो कैसे हो...

सिकंदर मिर्जा : जज़ाकल्लाह !

हमीदा बेगम : मोहल्ले के बच्चे-बच्चे की जबान पर माई का नाम रहता है...हर मर्ज़ की दवा हैं माई।

रतन की माँ : बेटी कल्ली पई-पई कराँवी की...सब दे नाल ज़रा दिल वी उरे-परे हो जाँदा है...हाथ-पैर वी हिलदे रहदें ने। मन्नू होर चाहिदा की है...अच्छा बेटे तेरे कोलों एक गल पूछणी सी।

सिकंदर मिर्जा : हुक्म दीजिए माई।

रतन की माँ : पुत्तर दीवाली आ रही है...हमेशा दी तरहाँ इस साल वी मैं दीवे जलाणा और पूजा करना...चांदी हाँ। मैं तनूँ कहणा चाहदी सी कि तन्नूँ कोई एतराज ते नई होएगा।

सिकंदर मिर्जा : ये भी कोई पूछने की बात है ? खुशी से वो सब कुछ कीजिए जो आप करती थीं। हमें कोई एतराज़ नहीं है...क्यों बेगम।

हमीदा बेगम : बेशक...

(अंतराल गायन)

कहीं उजड़ी-उजड़ी सी मन्ज़िलनें, कहीं टूटे फूटे से बामो-दर
से वही दयार है दोस्तों जहाँ लोग फिरते थे रात भर

मैं भटकता फिरता हूँ देर से यूँ ही शहर-शहर नगर-नगर
कहाँ खो गया मेरा क़ाफ़ला, कहाँ रह गए मेरे हम सफ़र

मेरी बेकसी का न ग़म करो मगर अपना फ़ायदा सोच लो
तुम्हें जिसकी छाँव अज़ीज़ है, मैं उसी दरख़्त का हूँ समर।

दृश्य : ग्यारह

(रतन की माँ हवेली में चिरागाँ कर रही हैं। तन्नो और जावेद उसकी मदद कर रहे हैं। हमीदा बेगम एक कोने में बैठी चिरागाँ देख रही है। जब सब तरफ चिरागाँ जल चुकते हैं तो माई दाहिनी तरफ पूजा करने की जगह पर बैठी जाती है। तन्नो और जावेद अपनी माँ के पास आकर बैठ जाते हैं। रतन की माँ पूजा करना शुरू करती है)

तन्नो : अम्माँ ये सब हुआ क्यों ?

हमीदा बेगम : क्या बेटी ?

तन्नो : यही हिंदोस्तान, पाकिस्तान ?

हमीदा बेगम : बेटी, मुझे क्या मालूम...

तन्नो : तो हम लोग पाकिस्तान क्यों आ गए ?

हमीदा बेगम : मैं क्या जानूँ बेटी ?

तन्नो : अम्माँ, अगर हम लोग और माई एक ही घर में रह सकते हैं तो हिंदुस्तान में हिंदू और मुसलमान क्यों नहीं रह सकते थे ?

हमीदा बेगम : रह सकते क्या...सदियों से रहते आए थे।

तन्नो : फिर पाकिस्तान क्यों बना ?

हमीदा बेगम : तुम अपने अब्बा से पूछना।

(पूजा पूरी करने के बाद माई उठती हैं और थाली में रखी मिठाई सबके आगे बढ़ाती हैं)

हमीदा बेगम : दीवाली मुबारक हो माई।

रतन की माँ : त्वानूं सबनूं वी मुबारक होवे। *(कुछ ठहरकर काँपती आवाज में)* खबरे मेरा रतन किधरी दीवाली मना ही रया होवे।

हमीदा बेगम : माई त्योहार के दिन आँसू ने निकालो...अल्लाह ने चाहा तो ज़रूर दिल्ली में होगा और जल्दी तुमसे मिलेगा।

(रतन की माँ अपने आँसू पोंछ लेती हैं।)

(दरवाज़ा खटखटाने की आवाज़ सुनाई देती है।)

तन्नो : कौन है ?

नासिर : मैं हूँ नासिर का ज़मी...मैं हमीद साहब के साथ माई को दीवाली की मुबारकबाद देने हाज़िर हुआ हूँ।

(तन्नो और हमीदा बेगम अन्दर चले जाते हैं। मंच पर केवल माई रह जाती है)

रतन की माँ : आओ...तुसी अन्दर आओ।

नासिर : आदाब माई।

हमीद : आदाब अर्ज है माई।

रतन की माँ : जींदे रहो...लम्बी उम्र पाओ...बैठो...

नासिर : माई लम्बी उम्र की दुआ देने के साथ-साथ एक दुआ और भी दो।

रतन की माँ : की दुआ पुत्तर ?

नासिर : तुम्हारा जैसा किरदार भी हो हमारा...

रतन की माँ : हट की मज़ाक करदा है...लै मिठाई खा...

(दोनों मिठाई खाते हैं)

रतन की माँ : मैं ज़्यादा धूमधूम से दिवाली नहीं मनाई...बस ऐवें ही...

हमीद : क्यों माई धूमधाम से क्यों नहीं मनाई ?

रतन की माँ : सोच्या पाकिस्तान बन गया है...पता नहीं...

नासिर : चाहे कितने ही 'आस्तां' बन जाएँ...वहाँ रहेंगे तो हमारे तुम्हारे जैसे इंसान ही न ?...और माई जहाँ इंसान होंगे वहाँ रिश्ते होंगे ...जज़्बात होंगे...सरसों के खेतों की तलाश में सरगर्दा दीवाने होंगे...क्यों हमीद भाई ?

हमीद : अब मैं आप जैसा शायर तो हूँ नहीं हाँ अगर आज माई ने दीवाली न मनाई होती तो लगता कि हमारे वजूद का एक टुकड़ा कट गया है।

रतन की माँ : तुसी लोकां दे सहारे मैं इत्थे हाँ पुत्तर हमीद।

हमीद : माई हम आपके सहारे यहाँ हैं...गुज़रे हुए वक़्त की जो डोर

हमसे छूटी जा रही है न ? उसे हम आपके हवाले से थामे हुए हैं।

(सिकंदर मिर्ज़ा अंदर आते हैं)

सिकंदर मिर्ज़ा : सलामअलैकुम...माई आदाब।...

रतन की माँ : जींदे रहो।

हमीद और नासिर : वालेकुम सलाम।

सिकंदर मिर्ज़ा : वाह खूब मुलाक़ात हुई।

नासिर : बिछड़ गए थे जो तूफ़ाँ की रात में 'नासिर'
सुना है उनमें से कुछ आ मिले किनारे पर।

सिकंदर मिर्ज़ा : काश हम भी शायर होते !

नासिर : आप शायर हैं...माई शायर हैं...और

रतन की माँ : *(बात काटकर)* लै पुत्तर मिठाई खा...

(सिकंदर मिर्ज़ा मिठाई खाते हैं।
बाहर से ज़ोर-ज़ोर दरवाज़े की कुंडी बजाए जाने की आवाज़ आती है और कोई गुस्से में चिल्लाता है।)

आवाज़ : सिकंदर मिर्ज़ा साहब...सिकंदर मिर्ज़ा...

सिकंदर मिर्ज़ा : कौन साहब हैं अंदर आइए।

(पहलवान और उसके चमचे धड़धड़ाते हुए अंदर आ जाते हैं। माई उन्हें देखकर अंदर चली जाती है।)

(पहलवान दिए और पूजा की थाली देखता है)

पहलवान : *(अनवार से)* देखा तुमने ये क्या हो रिया है...खुदा की कसम खून खौल रिया है।

नासिर : क्या बात है पहलवान साहब...बहुत गुस्से में नज़र आ रहे हैं।

पहलवान : नज़र नहीं आंदा, हूँ गुस्से में...

नासिर : अमाँ तो पाकिस्तान के वजीरे आज़म को एक खत लिख मारिए।

पहलवान : क्यों मज़ाक करते हैं नासिर साहब।

नासिर : मज़ाक कहाँ भाई...हम शायर तो जब बहुत गुस्से में आते हैं, यही करते हैं।

पहलवान : कसम खुदा दी ये तो अंधेर है।

नासिर : भाई हुआ क्या ?

पहलवान : अरे जनाब उस कम्बख्त ने हवेली में चिरागाँ कीता...पूजा कीती, दीवाली मनाई।

नासिर : अच्छा...अच्छा आप माई के बारे में कह रहे हैं ?

पहलवान : तुसी उस हिंदू काफिरा को माई कहते हो ?

नासिर : जनाब मैं तो दिन को दिन रात को रात ही कहूँगा...आप जिसको जो जी चाहे कहें।

(पहलवान खूंखार नज़रों से घूरता है।)

पहलवान : *(चमचों से)* अब तो खामोश नहीं बैठा जा सकदा...मेरी समझ में नहीं आता मिर्जा साहब ने उसनू चिरागाँ करन दी इजाजत कैसे दे दित्ती ?

सिकंदर मिर्ज़ा : इजाजत ? आप भी कैसी बातें कर रहे हैं पहलवान...माई... हवेली उसी की है...उसने मुझे रहने की इजाजत दे रखी है।

पहलवान : उसका अब पाकिस्तान में कुछ नहीं है। मैं ता हैरान हाँ कि इनता गैर-इस्लामी काम होया, ते लोगों के कान ते जूँ तक नहीं रेंगी।

नासिर : भई आप माई के दीवाली मनाने को गैर इस्लामी जो कह रहे हैं, वो अपने हिसाब से कह रहे हैं। वो हिंदू हैं उन्हें पूरा हक है अपने मजहब पर चलने का।

पहलवान : त्वाडे वरगे सब हो जाएँ तो इस्लामी हुकूमत की ऐसी तैसी हो जाए...जनाब अज ओ पूजा कर रही है...कल मंदिर बनाएगी, परसों लोगाँ नू हिंदू मजहब दी तालीम देवेगी।

नासिर : तो ?

पहलवान : मतलब कुछ हुआ ही नहीं।

नासिर : आपके कहने का मतलब है कि जैसे ही उसने हिंदू मजहब की तालीम देना शुरू की वैसे ही लोग पटापट हिंदू होने लगेंगे...माफ कीजिएगा अगर ऐसा हो सकता है तो हो ही जाने दीजिए।

पहलवान : इस हवेली विच दीवाली मनाई गयी है कि नहीं ?

सिकंदर मिर्जा : जी हाँ मनाई गयी है।

पहलवान : पूजा वी हुई ?

सिकंदर मिर्जा : जी हाँ—लेकिन बात क्या है।

पहलवान : ऐ सब इसी वजह तों हुआ कि तसुी उस काफिरा नूँ पनाह दे रखी है।

सिकंदर मिर्जा : जनाब ज़रा जबान सँभाल कर बातचीत कीजिए...एक तो मैं आपके किसी सवाल का जवाब देने के लिए पाबंद नहीं हूँ, दूसरे आपको मुझसे सवाल करने का हक क्या है।

पहलवान : तुसी गैर इस्लामी काम कराते हो और हम बैठे देखते रहे, ये नहीं हो सकदा।

अनवार : बिल्कुल नहीं हो सकता।

पहलवान : और हुण असी चुप वी नहीं रह सकदे।

नासिर : खैर, चुप तो आप कभी नहीं रहे।

(अंतराल गायन)

साज़े हस्ती की सदा गौर से सुन
क्यों है ये शोर बपा गौर से सुन

चढ़ते सूरज की अदा को पहचान
डूबते दिन की निदा गौर से सुन

इसी मंजिल में हैं सब हिज्रो-विसाल
रहरवे आब्ला पा गौर से सुन

इसी गोशे में है सब दैरो हरम
दिल सनम है के खुदा गौर से सुन

काबा सुनसान है क्यों ऐ वायज़
हाथ कानों से उठा गौर से सुन

दृश्य : बारह

(मौलाना मस्जिद में बैठे तस्बीह पढ़ रहे थे। पहलवान बहुत गुस्से में अंदर आता है। उसके पीछे अनवार और सिराज है। उनके भी पीछे नासिर काज़मी, हमीद हुसैन, सिकंदर मिर्ज़ा आते हैं।)

पहलवान : *(गुस्से में चीख़ते हुए)* देखो मौलाना इत्थे की हो रया है ? **(मौलाना कुछ नहीं बोलते। कुछ क्षण खामोश रहते हैं। पहलवान गुस्से में भरा हुआ खड़ा है।)**

मौलाना : *(ठंडी आवाज़ में)* पुत्तर गुस्सा अकल दा दुश्मन है...जो बात तूने कहनी है...आराम नाल कह दे।

पहलवान : *(गुस्से में)* हुण मैं की दस्साँ... सिकंदर मिर्जा साहब दे घर पूजा होई। बुतपरस्ती होई है...ए कुफ्र नहीं ताँ की है।

मौलवी : *(सिकंदर मिर्जा से)* बात क्या है मिर्जा साहब ?

पहलवान : अजी ये क्या बताएँगे...मैं बताता हूँ।

मौलवी : भाई बात तो इनके घर की है न ? ये नहीं बताएँगे...और आप बताएँगे, ये कैसे हो सकता।

पहलवान : जवाब ये छुपाएँगे...ये पर्दा पाणगे...और मैं हकीकत को खोलकर सामने रख दूँगा।

सिकंदर मिर्जा : ठीक है, आप हकीकत बयान कीजिए...मैं चुप हूँ।

पहलवान : हुजूर...इनके घर में बुतपरस्ती होंदी है, कल खुलेआम पूजा होई है...ओ सब किया गया, उसे क्या कहते हैं...हवन वगैरह...और फिर चिरागाँ कीता गया...क्योंकि कल दीवाली थी। और मिठाई बनाकर तकसीम की गयी।

मौलाना : अब त्वाडी इजाजत है, मैं मिर्जा साहब से भी पूछूँ।

(पहलवान कुछ नहीं बोलता।)

मौलाना : मिर्जा साहब क्या मामला है।

सिकंदर मिर्जा : जनाब आपको मालूम ही है कि मेरी हवेली की ऊपरी मंजिल में माई रहती हैं। माई उस शख्स रतन लाल की माँ हैं जिसकी हवेली थी। उसने मुझसे कहा कि मेरा त्यौहार आ रहा है। मुझे मनाने की इजाजत दे दो...भला मैं किसी को उसका त्यौहार मनाने से क्यों रोकने लगा...मैंने उससे कहा...ज़रूर मनाइए...उस बेचारी ने त्यौहार मनाया...किस्सा दरअसल यही है।

पहलवान : घंटियाँ दी आवाजां मैंने अपने कानों से सुनी हैं...

मौलाना : ठहरो भाई...तो बात दरअसल ये है कि हिंदू बुढ़िया ने इबादत की और...

पहलवान : इबादत ? तुसी उसदी पूजा घंटियाँ वगैरा बजाण नूं इबादत कह रहे हो ?

मौलाना : *(हँसकर)* तो उसके लिए कोई मुनासिब लफ्ज आप ही बता दें।

पहलवान : पूजा।

मौलाना : जी हाँ, पूजा का मतलब ही इबादत है...तो उसने इबादत की।

(कुछ क्षण खामोशी।)

मौलाना : तो क्या हुआ...सबको अपनी इबादत करने और अपने खुदाओं को याद करने का हक है।

पहलवान : ऐ किस तरह मौलाना साहब ?

मौलाना : भई हदीस शरीफ हैं कि तुम दूसरों के खुदाओं को बुरा न कहो, ताकि वह तुम्हारे खुदा को बुरा न कहें, तुम दूसरों के मजहब को बुरा न कहो, ताकि वह तुम्हारे मजहब को बुरा न कहें।

(पहलवान का मुँह लटक जाता है–फिर अचानक उत्साह में आ जाता है।)

पहलवान : फर्ज करो कल बुडी यहाँ मंदिर बना ले ?

मौलाना : मंदिरों को बनने न देना...या मंदिरों को तोड़ना इस्लाम नहीं है पुत्तर।

पहलवान : *(गुस्से में)* अच्छा ताँ इस्लाम की है ?

मौलाना : अपने आपको अल्लाह के हवाले कर देना इस्लाम है।

पहलवान : ओ ताँ सब ठीक है मौलवी साहब...लेकिन...ओ हिंदू औरत...

सिकंदर मिर्जा : *(बात काट कर)* हुजूर वो हिंदू औरत बेवा है।

मौलाना : बेवा का दर्जा तो हमारे मजहब में बहुत बुलंद है...हदीस है कि बेवा और गरीब के लिए दौड़-धूप करने वाला दिन भर रोज़ा और रात भर नमाज़ पढ़ने वाले के बराबर है।

(पहलवान का मुँह भी लटक जाता है, लेकिन फिर सिर उठाता है।)

पहलवान : बेवा चाहे हिंदू हो चाहे मुसलमान ?

मौलाना : पुत्तर, इस्लाम ने बहुत से ऐसे हक़ बताये हैं जो तमाम इंसानों के लिए हैं...उसमें मज़हब, रंग, नस्ल और जात का कोई फर्क नहीं किया गया।

सिकंदर मिर्जा : मौलाना वो गमज़दा, परेशान हाल है, हम सब की इस कदर मदद करती है कि कहना मुहाल है।

मौलाना : पुत्तर, अल्ला उस शख्स से बहुत खुश होता है जो किसी गमज़दा के काम आए या किसी मज़लूम की मदद करें।

नासिर : है यही ऐने वफ़ा दिल न किसी का दुखा
अपने भले के लिए सबका भला चाहिए।

मौलाना : बेशक।

सिकंदर मिर्ज़ा : हुज़ूर माई में ख़िदमत का जज़्बा बड़ा है।

मौलाना : पुत्तर, ख़िदमत से तो खुदा खुश होता है...ख़िदमत तो इंसान का ज़ेवर है...ख़िदमत के बग़ैर तो इंसान जानवर के बराबर है...मैनूँ बड़ी खुशी हुई ऐ जान के...

पहलवान : *(गुस्से में)* मुल्ला...ऐ सब ताँ ठीक सी...पर ये बताओ...तुसी हिंदू औरत को हम मुसलमान बंदों पर तरजीह दे रहे हो ?

मौलाना : *(हँसकर)* पुत्तर हम तो उसके *(आसमान की तरफ उँगली उठाकर)* हुक्म दे बंदे हैं...कुरान पाक में लिखा है...

पहलवान : *(बहुत गुस्से में उत्तेजित होकर)* बस जी...बस...इतना इस्लाम हम भी जानदे हाँ कि मुसलमान हिंदू से अच्छा होंदा

है...जो ऐसा नहीं मानता वो मुसलमानों का दुश्मन है...और मुल्ला...असी तो त्वाडी सात पुश्तों को जानदे हाँ...ये बाहर से आने वाले क्या जाणे...तुम्हारा बाप...दूसरी की बकरियाँ चराया कराँदा सी...बकरियाँ...कपड़े लोग दे देंदे सी तो पहनता था...और त्वाहनु मोहल्ले वालों ने चंदा करके पढ़वाया सी...

(पहलवान की उत्तेजना बढ़ती जाती है और सभी लोग उसे आश्चर्य से देखते हैं। पहलवान धड़ाधड़ बोलता जाता है।)

त्वाडे बाप के घर के घर दो-दो दिन चूल्हा नहीं जलदा सी...

मौलाना : अल्लाह तुझे अक्ले सलीम अता फरमाये...याकूब...

(अंतराल गायन)

तू असीरे बज़्म है हम सुखन तुझे ज़ौके नाल-ए-नै नहीं
तेरा दिल गुदाज़ हो किस तरह ये तेरे मिज़ाज की लै नहीं

तेरा हर कमाल है ज़ाहिरी, तेरा हर ख्याल है सरसरी
कोई दिल की बात करूँ तो क्या, तेरे दिल में आग तो है नहीं

जिसे सुन के रूह महक उठे, जिसे पी के दर्द चहक उठे
तेरे साज में वो सदा नहीं, तेरे मैकदे में वो मैं नहीं

यही शेर है मेरे सल्तनत, इसी फल में है मुझे आफियत
मेरे कास-ए-शबो रोज़ में, तेरे काम को कोई शय नहीं।

दृश्य : तेरह

(अलीम के चाय का ढ़ाबा है। रात का वक़्त है। वहाँ हमीद अलीमा के साथ बैठे हैं। अलीमा अँगीठी सुलगाला है।)

अलीमा : *(धुएँ से परेशान होकर)* लगता है साले सूखे कोयले भी सब उधर ही चले गए...

हमीद : वाह अलीमा वाह तुमने कोयलों तक को तक़सीम कर दिया।

अलीमा : अब ज़माना ही ऐसा आ गया है हमीद मियाँ...वो नासिर साहब का मिसरा है न, 'फूल खुशबू से जुदा है अब के'

हमीद : अरे हाँ ये बताओ नासिर साहब को देखा ? आज काफी हाउस में भी नहीं आए।

अलीम : मियाँ नासिर साहब दिन में मुझे दिखाई नहीं पड़ते...हाँ अब उनके आने का वक़्त है।

(नासिर आते दिखाई देते हैं।)

अलीमा : देखिए नासिर साहब आ रहे हैं...

हमीद : अरे जनाब सलामअलैकुम...भाई आज दिन भर आप कहाँ रहे ?

नासिर : *(संजीदगी से)* पत्तों से मुलाक़ात करने चला गया था।

हमीद : *(हैरत से)* पत्तों से।

नासिर : जी हाँ...पत्तों से मुलाकात।

हमीद : पत्तों से मुलाकात कैसे होती है नासिर साहब ?

नासिर : ...आजकल पतझड़ है न ...पेड़ों के पीले पत्तों को झड़ता देखता हूँ तो उदास हो जाता हूँ...उतनी और उस तरह की उदासी कभी नहीं तारी होती मुझ पर। इसलिए पतझड़ में, मैं पत्तों के ग़म में शामिल होने चला जाता हूँ।

हमीद : मुझे भी एक चीज़ की तलाश है...मैं जब से लाहौर आया हूँ...ढूँढ़ रहा हूँ...आज तक नहीं मिली।

नासिर : क्या चीज़ ?

हमीद : भई हमारी तरफ एक चिड़िया हुआ करती थी...श्यामा चिड़िया ...वो इधर दिखाई नहीं देती।

नासिर : शाम चिड़ी...

हमीद : हाँ...हाँ...

नासिर : शाम चिड़ी मैं आपको दिखाऊँगा...मैंने उसे यहाँ तलाश किया है...उसकी तलाश मेरे लिए तरक्कीपसंद अदब और इस्लामी अदब से बड़ा मसला था...जब मैं यहाँ शुरू-शुरू में आया तो उन सब चीज़ों की तलाश थी जिन्हें दिलो-जान से चाहता था...सरसों के खेतों से भी मुझे इश्क है...तो भाई मैंने लाहौर आते ही कई लोगों से पूछा था कि क्या सरसों यहाँ भी वैसी ही फूलती है जैसी हिन्दोस्तान में फूलती थी। मैंने ये भी पूछा था कि यहाँ सावन की झड़ी लगती है...बरसात के दिनों की शामें क्या मोर की झंकार से गूँजती हैं ? बसंत में आसमान का रंग कैसा होता है ?

हमीद : भई तुम शायरों की बातें हम लोग क्या समझेंगे...हाँ सुनने में अच्छी बहुत लगती हैं।

नासिर : दरअसल एक-एक पत्ता मेरे लिए शहर है, फूल भी शहर है और सबसे बड़ा शहर है दिल। उससे बड़ा कोई शहर क्या होगा...बाकी जो बाहर शहर हैं, सब उसकी गलियां हैं...

हमीद : मैं मानता हूँ नासिर...शायर और दूसरे लोगों में बड़ा फर्क है...

नासिर : *(बात काटकर)* नहीं-नहीं ये बात नहीं है, हर जगह, जिंदगी के हर शोबे में शायर हैं...ये ज़रूरी नहीं कि वो शायरी कर रहे हों...वो तख़लीकी लोग हैं। छोटे-मोटे मजदूर, दफ़्तरों के क्लर्क, अपने काम से काम रखने वाले ईमानदार लोग...ट्रेन के इंजन का ड्राइवर जो इतने हज़ार लोगों को लाहौर से करांची और करांची से लाहौर ले जाता है। मुझे ये आदमी बहुत पसंद हैं...और एक वो आदमी जो रेलवे के फाटक बंद करता है।

आपको पता है अगर वो फाटक खोल दे, जब गाड़ी आ रही है तो क्या कयामत आए? बस शायर का भी यही काम है कि किस वक्त फाटक बंद करना है, किस वक्त खोलना है।

(हमीद कुछ फासले पर जाती रतन की माँ को देखता है।)

हमीद : अरे ये इस वक्त यहाँ कैसे ?

नासिर : ये तो माई हैं।

(दोनों माई के पास पहुँचते हैं।)

नासिर : नमस्ते माई...आप ?

रतन की माँ : जींदे रहो ....जींदे रहो।

नासिर : खैरियत माई ? इस वक्त ये सामान लिए आप कहाँ जा रही हैं।

रतन की माँ : पुत्तर मैं दिल्ली जाणा चांहदी हाँ।

नासिर : *(उछल पड़ते हैं)* नहीं माई, नहीं...ये कैसे हो सकता है... ये नामुकिन है।

रतन की माँ : बस पुत्तर बहुत रह लई लाहौरच...हुण लगदा है इत्थे दाणा पाणी नहीं रया।

हमीद : लेकिन क्यों माई ?

नासिर : क्या कोई तकलीफ है ?

रतन की माँ : पुत्तर तकलीफ उसनूं होंदी है, जो तकलीफ नूं तकलीफ समझदा है...मैन्नू कोई तकलीफ नहीं है।

नासिर : तब क्यों जाना चाहती हैं ? आपको पूरा मोहल्ला माई कहता है, लोग आपके रास्ते में आँखें बिछाते हैं, हम सबको आप पर नाज़ है...

रतन की माँ : पुत्तर, तुस्सी लोकां ने मैन्नू ओ प्यार और इज्जत देती है जो अपने भी नहीं देंदे।

नासिर : माई जो जिसका अहेल होता है, वो उसे मिलता है, आपने हमें इतना दिया है कि हम बता नहीं सकते।

रतन की माँ : प्यार ही मैन्नू लाहौर छड्डन ते मजबूर कर रया है।

हमीद : बात है क्या माई।

रतन की माँ : मेरा लाहौर च रहणा कुछ लोगां नूं पसंद नहीं है, मिर्ज़ा साहब नूँ धमकियाँ दित्ती जा रइयां ने कि ओ मैन्नू अपणे घर तो कड्ड देण...राह जांदें उनाते फिकरे कसे जांदे ने, उन्हां दी कुड़ी

तन्नो और मुंडे जावेद दा लोग नक च दम कित्ते होए ने...लेकिन मिर्जा साहब किसी वी सूरत च नई चाहदें कि मैं जांवा।

हमीद : तब आप क्यों जाना चाहती हैं माई।

रतन की माँ : मैं इत्थे रवांगी ते मिर्ज़ा साहब...

नासिर : माई मिर्ज़ा साहब का कोई बाल बांका नहीं कर सकता...हम सब उनके साथ हैं।

रतन की माँ : पुत्तर, मैन्नू त्वाडे सबते माण है, लेकन त्वानूं किसी झमेले च फसांण तो अच्छा है कि मैं खुद ही चली जांवा...तुसी मैनू दिल्ली जाण देवो...मेरे कोल रुपया पैसा है, ज़ेवर हैं, मैं उत्थे दो वक्त दी रोटी खा लवांगी, ते रइ जावांगी।

नासिर : *(सख्त लहजे में)* ये हरगिज़ नहीं हो सकता...ये नामुमकिन है...कभी बेटे भी अपनी माँ को पड़ा रहने के लिए छोड़ते हैं ?

रतन की माँ : मेरा कहणा मन्नो पुत्तर, मैं त्वानूं दुआवाँ दवांगी...

नासिर : *(दर्दनाक लहजे में)* माई लाहौर छोड़कर मत जाओ... तुम्हें लाहौर कहीं और नहीं मिलेगा...उसी तरह जैसे मुझे अम्बाला कहीं और नहीं मिला, हिदायत भाई को लखनऊ कहीं नहीं मिला...जिन्दो को मुर्दा न बनाओ...

(रतन की माँ आँख से आँसू पोंछने लगती है।)

नासिर : तुम हमारी माँ हो...हमसे जो कहोगी करेंगे...लेकिन ये मत कहो कि तुम हमारी माँ नहीं रहना चाहतीं...

रतन की माँ : फिर मैं की करां, दस्स।

नासिर : तुम वापिस चलो, दो-चार बदमाश कुछ नहीं कर सकते।

रतन की माँ : पुत्तर, मैं तां अपनी अखीं ओ सब देख्या है, उस वक्त वी सब ऐही कह दें सन कि दो चार बदमाश कुछ नहीं कर सकदे ...ओ कह दें हन पूरे लाहौर च मैं ही कल्ली हिंदू हाँ...मेरे एत्थों जाणतों ए शहर पाक हो जावेगा।

नासिर : तुम अगर यहाँ न रहीं तो हम सब नंगे हो जायेंगे माई...नंगा आदमी नंगा होता है, न हिंदू होता है और न मुसलमान...

(हिदायत माई का सूटकेस उठा लेते हैं।)

(अंतराल गायन)

फूल खुशबू से जुदा है अब के
यारों ये कैसी हवा है अब के

दोस्त बिछड़े हैं कई बार मगर
ये नया दाग़ खिला है अब के

पत्तियाँ रोती हैं सर पीटती हैं
क़त्ले गुल आम हुआ है अब के

क्या सुनें शोरे बहाराँ 'नासिर'
हमने कुछ और सुना है अब के

दृश्य : चौदह

(रतन की माँ बैठी है। उनके पास वह बक्सा रखा है जो पिछले दृश्य में था। सामने हमीदा बेगम, तन्नो और जावेद बैठे हैं। मिर्ज़ा साहब कुछ फासले पर बैठे हुक्का पी रहे हैं।)

हमीदा बेगम : हरगिज़ नहीं, हरगिज़ नहीं, हरगिज़ नहीं...माई ये ख्याल आपके दिमाग में आया कैसे ? नासिर साहब वग़ैरा ने न देख लिया तो ग़ज़ब ही हो जाता..

तन्नो : क्या हम लोगों से कोई गलती हो गयी माई।

रतन की माँ : बेटी तू वी कमाल कर दी है, अपणे बच्चयां तो वी भला कोई गलती होंदी है...मैं तेरी दादी हाँ अगर तेरे कोलों कोई गलती होंदी तां मैं तन्नो डांट दी...दो-चार चपेड़ा मार सकदी सी। मैन्नू कोण रोक सकदा सी।

सिकंदर मिर्ज़ा : बेशक ये आपकी पोती है। आपका इस पर पूरा हक है। लेकिन ये तो मैं सोच भी नहीं सकता कि आप अकेली दिल्ली के लिए निकल खड़ी होंगी...वो भी हम सबको बताये बग़ैर...हमसे क्यों न बताया आपने ?

रतन की माँ : देख पुत्तर, मैन्नू सब पता है...ए गल ज़रूर है कि तुस्सी लोकां ने मैन्नू कुज नई दसया, बल्कि मेरे तों छिपाया है, लेकन ए हकीकत है कि कुछ लोक मेरी वजहों तोहानू सारेयां नूं परेशान कर रहे ने।

जावेद : अरे माई वैसी धमकियाँ तो जाने कितने देते रहते हैं।

रतन की माँ : पुत्तर मेरी वजह नाल तुस्सी लोकां नूं कुछ हो गया तां मैं फिर किधरी दी नां रई...एही वजह है कि मैं जाणा चाहदी हाँ।

सिकंदर मिर्ज़ा : भाई जब हमारा कोई ठिकाना नहीं था, जब हम परेशानी और तकलीफ में थे, हम ये जानते भी न थे कि लाहौर किस चिड़िया का नाम है तब आपने हमें बच्चों की तरह रखा, हम पर हर तरह का एहसान किया और आज जब हम इस शहर में जम चुके हैं तो क्या हम उन एहसानों को भूल जाएँ ?

रतन की माँ : पुत्तर तू ठीक कहदां हैं, लेकन मेरा वी ते कोई फर्ज़ हैं।

सिकंदर मिर्ज़ा : आपका फर्ज़ है कि आप अपने बेटे, बहू, पोते, पोती के साथ रहें...बस।

रतन की माँ : देख पुत्तर मैंनू की फर्क पैदां है ? सठ तों ऊपर दी हो गयी हाँ... अज मरी तां कल मरी...इत्थे लाहौर च मराँ या दिल्ली च मराँ...मैन्नू हुण मरना ही मरना है।

तन्नो : माई पहले तो आप ये मरने-वरने की बातें न करें...मरें आपके दुश्मन।

(तन्नो माई के गले में बांहें डाल देती है। माई उसे प्यार करती है)

सिकंदर मिर्ज़ा : माई आपको हमसे आज एक वायदा करना पड़ेगा...बड़ा पक्का वायदा... *(जावेद से)* जावेद बेटे पहले तो बक्सा ऊपर ले जाओ और माई के कमरे में रख आओ।

जावेद : जी अब्बा।

(जावेद बक्सा लेकर चला जाता है।)

सिकंदर मिर्ज़ा : क़सम खुदा की आप चली जाती तो हम पर क्या बीतती पता है आपको...हम शर्म से ज़मीन में गड़ जाते...हम किसी से आँखें मिलाने लायक़ न रह जाते...अरे हद है...अब आप कहीं नहीं जायेंगी।

(रतन की माँ चुप हो जाती हैं और सिर झुका लेती हैं।)

हमीदा बेगम : बिल्कुल आप कहीं नहीं जाएगी।

(जावेद लौटकर आता है और बैठ जाता है।)

तन्नो : दादी बोलो न...क्यों हम लोगों को सता रही हो ? कह दो कि नहीं जाओगी।

(रतन की माँ चुप रहती है। जावेद उठकर माई के पास आता है। माई के दोनों कंधे पकड़ता है। झुककर उसकी आँखों में

देखता है और बहुत फर्मली कहता है)

जावेद : दादी, तुम्हें मेरी कसम है, अगर तुम कहीं गयीं।

(रतन की माँ फूट-फूट कर रोने लगती हैं और रोते-रोते कहती हैं)

रतन की माँ : मैं किधरी नहीं जावांगी...किधरे नहीं...त्वाडे लोकां चों ही उट्ठांगी तां सिद्धे रब दे कौल जावांगी, बस...

(तन्ना और जावेद को गले से लगाकर माई रोने लगती है। हमीदा बेगम भी अपने आँसू पोछती हैं। सिकन्दर मिर्ज़ा ज़ोर ज़ोर से हुक्का पीने लगते हैं)

(अंतराल गायन)

नित नयी सोच में लगे रहना
हमें हर हाल में ग़ज़ल कहना

घर के आँगन में आधी-आधी रात
मिल के बाहम कहानियां कहना

शहर वालों से छुप के पिछली रात
चाँद में बैठ कर ग़ज़ल कहना ·

क्या ख़बर कब कोई किरन फूटे
जागने वालों जागते रहना

दृश्य : पन्द्रह

(आधी रात बीत चुकी है। अलीम के होटल में सन्नाटा है। वह एक बेंच पर पड़ा सा है। नासिर और हमीद आते हैं)

नासिर : *(हमीद से)* लगता है ये तो सो गया... *(जोर से)*...अरे भई सो गए क्या ?

अलीम : अभी-अभी आँख लगी थी कि...नासिर साहब आइए...

नासिर : सो जाओ...लेकिन यार चाय पीनी थी...

हमीद : भट्टी तो सुलग रही है।

नासिर : तो ठीक है यार तुम सो ए रहो हम लोग चाय बना लेंगे। क्यों हमीद ?

हमीद : नासिर साहब बढ़िया चाय पिलाऊँगा।

नासिर : अमां अलीम एक कप तुम भी पी लेना।

अलीम : नींद उड़ जाएगी नासिर साहब।

नासिर : अमां नींद भी कोई परी है जो उड़ जाएगी...चाय पीकर सो जाना...और जो सोने का मूड न बने तो हमारे साथ चलना...लाहौर से मुलाकात तो रात में ही होती है।

हमीद : **(पानी भट्टी पर रखता है)** कड़क चाय पियेंगे नासिर साहब।

नासिर : भई हम तो कड़क के ही क़ायल हैं—कड़क चाय, कड़क आदमी, कड़क रात, कड़क शायरी...

(नासिर बेंच पर बैठ जाते हैं। हमीद चाय बनाने लगता है। अलीम भी उठकर बैठ जाता है)

हमीद : कोई कड़क शेर सुनाइए।

नासिर : सुनो,

ग़म जिसकी मज़दूरी हो।

हमीद : *(दोहराता है)* ग़म जिसकी मज़दूरी हो

नासिर : जल्द गिरेगी वे दीवार

हमीद : वाह नासिर साहब वाह।

(अलीम दोनों के सामने चाय रखता है और खुद भी चाय लेकर बैठ जाता है)

अलीम : नासिर साहब, पहलवान आपको बहुत पूछता रहता है, मिला ?

नासिर : जिनमें बूए वफ़ा नहीं 'नासिर'
ऐसे लोगों से हम नहीं मिलते।

हमीद : वाह साहब वाह...जिनमें बूए वफ़ा नहीं 'नासिर'।

नासिर : ऐसे लोगों से हम नहीं मिलते।

हमीद : आजकल कह रहे हैं 'नासिर' साहब।

नासिर : भाई कहने के लिए ही तो हम ज़िन्दा हैं, वरना मौत क्या बुरी है ?

(जावेद की घबराई हुई आवाज आती है। वह चीखता हुआ दाखिल होता है)

जावेद : अलीम मियां...अलीम मियों...

(जावेद बहुत परेशान लग रहा है। उसे देखकर तीनों खड़े हो जाते हैं)

नासिर : क्या हुआ जावेद ?

जावेद : माई का इंतिक़ाल हो गया!

नासिर : अरे, कैसे...कब ?

जावेद : शाम को सीने में दर्द बता रही थी...मैं डॉ. फारूक को ले आया था, उन्होंने इंजेक्शन और दवाएं दीं...अचानक अभी दर्द बहुत बढ़ गया और...

नासिर : हमीद मियां जरा हिदायत साहब को खबर कर आओ...और करीम मियां से भी कह देना...जावेद तुम किधर जा रहे हो।

जावेद : मैं तो अलीम को जगाने आया था...अब्बा की तो अजीब कैफ़ियत है...

अलीम : मरहूमा का यहाँ कोई रिश्तेदार भी तो नहीं है।

नासिर : अरे भाई हम सब उनके कौन हैं ? रिश्तेदार ही हैं। अलीम तुम कब्बन साहब और तक़ी मियां को बुला लाओ...

(अलीम जाता है। उसी वक्त हिदायत साहिब, करीम मियां आते हैं)

हिदायत : वतन में कैसी बेतवनी की मौत है।

नासिर : हिदायत साहब हम सब उनके हैं...सब हो जाएगा...

करीम : भाई लेकिन करोगे क्या ?

नासिर : क्या मतलब...

करीम : भाई रामू का बाग जो शहर का पुराना शमशान था, वो अब रहा नहीं, वहाँ मकानात बन गए हैं।

हिदायत : ये तो बड़ी मुश्किल हो गई।

(अलीम, कब्बन और तकी आते हैं।)

करीम : और शहर में कोई दूसरा हिंदू भी नहीं है जो कोई रास्ता बताता।

हिदायत : अरे साहब हम लोगों को कुछ मालूम भी तो नहीं कि हिंदुओं में क्या होता है ?

(सिकंदर मिर्ज़ा आते हैं। उनका चेहरा लाल है और बहुत ग़मज़दा लग रहे हैं।)

करीम : भई असली मुश्किल तो शमशान की है। जब शमशान ही नहीं तो आखिरी रस्म कैसे अदा होगी ?

कब्बन : हाँ तो बड़ी मुश्किल है।

तकी : मिर्ज़ा साहब आप कुछ तजवीज़ कीजिए।

सिकंदर मिर्ज़ा : मेरी तो कुछ समझ में नहीं आ रहा है...जो आप लोगों की राय हो वही किया जाए।

हिदायत : भाई हम तो यही कर सकते हैं...बड़ी इज़्ज़त और बड़े एहतेराम के साथ मरहूमा को दफ़न कर दें...इससे ज़्यादा न हम कुछ कर सकते हैं और न हमारे इख़्तियार में है।

नासिर : लेकिन माई हिंदू थीं और उनको...

हिदायत : नासिर भाई हम सब जानते हैं...वो हिंदू थीं लेकिन करें क्या ? जब शमशान ही नहीं है तो क्या किया जा सकता है ? आप ही बताइए ?

(नासिर चुप हो जाते हैं।)

तकी : हिदायत साहब की राय मुनासिब है, मेरा भी यही ख्याल है कि मोहतरमा की लाश को इज़्ज़त-ओ-एहतेराम के साथ दफ़न

किया जाए...इनके वारिसान का तो पता है नहीं...वरना उनको बुलवाया जाता या राय ली जाती।

सिकंदर मिर्ज़ा : जो आप लोग ठीक समझें।

कब्बन : अलीम मियां आप मस्जिद चले जाइए और खटोला लेते आइये। कफन का कपड़ा...हाजी साहब की दुकान बंद हो तो पीछे गली में घर है, वो अंदर से ही कपड़ा निकाल देंगे।

(अलीम और जावेद चले जाते हैं।)

तकी : बड़ी खूबियों की मालिक थीं मरहूमा...मेरे बच्चे को जब चेचक निकली थी तो रात-रात भर उसके सिरहाने बैठी रहा करती थीं।

हिदायत : अरे भाई उनके जैसा मददगार और खिदमती मैंने तो आज तक देखा नहीं...ऐसी नेकदिल औरत–कमाल है साहब।

कब्बन : जब से उनके मरने की खबर मेरी बीवी ने सुनी है, रोए जा रही हैं–अब कुछ तो ऐसी मुहब्बत होगी ही।

नासिर : जिंदगी जिनके तसव्वर से जिला पाती थीं।
हाय क्या लोग थे जो दामे अजल में आए।

(अलीम आकर कहता है।)

कब्बन : क्या कह रहे थे मौलवी साहब।

अलीम : कह रहे थे, अभी कुछ मत करना मैं खुद आता हूँ।

तकी : मरहूमा का एक-एक लम्हा दूसरों के लिए ही होता था...कभी अपने लिए कुछ न माँगा...

(पहलवान आता है।)

पहलवान : भइ उना नू क्या ज़रूरत थी किसी से कुछ माँगने की...बड़ी दौलत थी उनके पास।

(सब पहलवान को घूमकर देखते हैं। कोई कुछ जवाब नहीं देता। उसी वक्त मौलवी साहब आते हैं। जो लोग बैठे हैं, वो खड़े हो जाते हैं।)

मौलाना : सलामुअलैकुम।

सब : वालेकुमस्सलाम।

मौलाना : रतन की वालेदा का इंतिकाल हो गया है।

हिदायत : जी हाँ।

मौलाना : आप लोगों ने क्या तय किया है ?

हिदायत : हुजूर, पुराना शमशान रामू का बाग का तो रहा नहीं, और हम लोगों को हिंदुओं का तरीका मालूम नहीं, शहर में कोई दूसरा हिंदू भी नहीं है जिससे कुछ पूछा जा सके...अब ऐसी हालत में हमें यही मुनासिब लगा कि मरहूमा को बड़ी इज़्ज़त और एहतेराम के साथ सिपुर्दे ख़ाक कर दिया जाए।

मौलाना : क्या मरने से पहले मरहूमा मुसलमान हो गई थीं।

सिकंदर मिर्ज़ा : जी नहीं।

मौलाना : तब आप उनको दफ़न कैसे कर सकते हैं।

पहलवान : *(गुस्से में)* तो और क्या करेंगे।

मौलाना : ये मैं आप लोगों से पूछ रहा हूं।

सिकंदर मिर्ज़ा : जनाब हमारी समझ में तो कुछ आ नहीं रहा।

मौलाना : देखिए वो नेक औरत मर चुकी है। मरते वक्त वो हिंदू थी। उसके आखिरी रसूम उसी तरह होने चाहिए।

पहलवान : *(चिढ़कर)* वाह ये चंगी तालीम दे रहे हैं आप।

मौलाना : *(उसे जवाब नहीं देते)* देखिए वो मर चुकी है। उसकी मय्यत के साथ आप लोग जो सुलूक चाहें कर सकते हैं...उसे चाहे दफन दीजिए चाहे टुकड़े-टुकड़े कर डालिए, चाहे ग़र्के आबे कर दीजिए...इसका अब उस पर कोई असर नहीं पड़ेगा...उसके ईमान पर कोई आँच नहीं आएगी...लेकिन आप उसके साथ क्या करते हैं, इससे आपके ईमान पर ज़रूर फ़र्क़ पड़ सकता है।

(सब चुप हो जाते हैं।)

मुर्दा, चाहे किसी भी मज़हब का हो, उसका एहतेराम फर्ज़ है...और हम जब किसी का एहतेराम करते हैं तो उसके यक़ीन और उसके मज़हब को ठेस तो नहीं पहुँचाते ?

नासिर : आप बजा फ़रमा रहे हैं मौलाना।

पहलवान : इस्लाम एइ कहता है ? इस्लाम की एइ तालीस है कि एक हिंदू बुढ़िया के पीछे हम सब राम राम सत करें ?

मौलाना : पुत्तर इस्लाम खुदगर्ज़ी नहीं सिखाता। इस्लाम दूसरे के मज़हब और जज़्बात का एहतेराम करना सिखाता है—अगर तुम सच्चे

मुसलमान हो तो ये करके दिखाओ ? कुफ्फार और मुशारिकों के साथ मोहायदा पूरा करना परहेज़गारी की शान है...

पहलवान : *(गुस्से में)* ऐ गलत गल्ल है, कुफ़्र है।

मौलाना : पुत्तर गुस्सा और अक्ल कभी एक साथ नहीं होते। *(कुछ ठहरकर)* तुममें से कितने लोग हैं जो ये कह सकें कि रतन की माँ तुम्हारे काम नहीं आई ? कि तुम पर उसके एहसानात नहीं हैं ? कि उसने तुम लोगों की खिदमत नहीं की।

(कुछ नहीं बोलता।)

मौलाना : आज वो औरत मर चुकी है जिसके तुम सब पर एहसानात हैं, तुम सबको उसने अपना बच्चा समझा था, आज जब कि वो मौत के आगोश में सो चुकी है, तुम उसे अपनी माँ मानने से इनकार कर दोगे...और अगर वो तुम्हारी माँ है तो उसका जो मज़हब था...उसका एहतेराम करना तुम्हारा फ़र्ज़ है।

सिकंदर मिर्ज़ा : आप बजा फरमाते हैं मौलाना...हमें मरहूमा के मज़हबी उसूलों के मुताबिक ही उनका कफ़न दफ़न करना चाहिए।

कुछ और लोग : हाँ, यही मुनासिब है।

मौलाना : फ़ज्र की नमाज़ का वक्त हो रहा है। मैं मस्जिद जा रहा हूँ। आप लोग भी नमाज़ अदा करें। नमाज के बाद मैं मिर्ज़ा साहब के मकान पर आऊँगा।

सिकंदर मिर्ज़ा : मौलाना सबसे बड़ी मुश्किल ये है कि मरहूमा को जलाया कहाँ जाए क्योंकि क़दीमी शमशान तो अब रहा नहीं।

हिदायत : और जनाब इन लोगों की दूसरी रस्में क्या होती हैं, ये हमें क्या मालूम ?

मौलाना : देखिए शमशान अगर नहीं रहा तो रावी का किनारा तो है। हम मरहूमा की लाश को रावी के किनारे किसी गैर आबाद और सुनसान जगह लेकर सिपुर्दे आतिश कर सकते हैं।

कब्बन : क्या ये उनके मज़हब के मुताबिक होगा ?

मौलाना : बेशक। हिंदू अपने मुर्दों को नदी के किनारे जलाते हैं और फिर ख़ाक दरिया में बहा देते हैं।

तकी : लेकिन और भी तो सैकड़ों रस्में होती होंगी...मिसाल के तौर पर कफ़न कैसे सिया जाता है।

नासिर : भई आप लोग शायद न जानते हों, अम्बाला में मेरे बहुत से दोस्त हिंदू थे, उनके यहाँ कफन काटा या सिया नहीं जाता बल्कि कफन में मुर्दे को लपेटा जाता है।

हिदायत : उसके बाद ?

तकी : भई उसके बाद तो ठठरी पर रख कर घाट ले जाते होंगे।

कब्बन : ठठरी कैसे बनती है ?

मौलाना : ठठरी समझों ये एक किस्म की सीढ़ी होती है जिसमें कुछ डंडे लगे होते हैं।

कब्बन : तो ठठरी बनाने का काम तो किया ही जा सकता है...आप हजरात कहें तो मैं बांस वगैरा लाकर ठठरी बनाऊँ।

सिकंदर मिर्ज़ा : हाँ-हाँ ज़रूर।

(कब्बन बाहर निकल जाते हैं।)

तकी : लकड़ियों को रावी के किनारे पहुँचाने की जिम्मेदारी मैं ले सकता हूँ।

मौलाना : बिस्मिल्लाह तो आप रावी के किनारे लकड़ियाँ पहुँचवाइए।

(तकी भी बाहर चले जाते हैं।)

सिकंदर मिर्जा : मौलाना मुझे याद आता है कि हिंदू मुर्दे के साथ कुछ और चीज़ें भी जलाते हैं...शायद आम की पत्तियाँ...

सिकंदर मिज़ा : *(जावेद से)* जावेद बेटा, तुम पत्तियाँ ले आओ।

हिदायत : क्या उनके यहाँ मुर्दे को नहलाया भी जाता है।

मौलाना : ये मुझे इल्म नहीं ?

नासिर : जी हाँ नहलाया जाता है।

हिदायत : कैसे ?

नासिर : ये तो मुझे नहीं मालूम।

मौलाना : भई नहलाने से मुराद यही कि मुर्दा पाक हो जाए और उसके साथ कोई गलाज़त न रहे।

सिकंदर मिर्ज़ा : जी हाँ और क्या...

मौलाना : तो मिर्ज़ा साहब ये काम तो घर ही में हो सकता है।

सिकंदर मिर्ज़ा : जी हाँ बेशक...देखिए मैं बेगम से कहता हूँ।

(सिकंदर मिर्ज़ा अंदर जाते हैं।)

मौलाना : नासिर साहब और कोई रस्म आ रही है।

नासिर : हाँ जनाब...असली घी डालकर मुर्दा जलाया जाता है और बड़ा लड़का आग लगाता है।

मौलाना : मरहूमा का कोई लड़का तो यहाँ है नहीं।

नासिर : सिकंदर मिर्ज़ा साहब को वो लड़के के बराबर मानती थीं। ये काम इन्हीं को करना चाहिए।

नासिर : मौलाना हिंदू मुर्दे के साथ हवन की चीज़ें भी जलाते हैं।

मौलाना : हवन की चीज़ों में क्या-क्या होता है ?

नासिर : जनाब ये तो मुझे नहीं मालूम।

(सिकंदर मिर्ज़ा आते हैं।)

मौलाना : मिर्ज़ा साहब हवन में क्या-क्या चीज़ें होती हैं, आपको मालूम हैं।

सिकंदर मिर्ज़ा : नहीं ये तो नहीं मालूम।

मौलाना : देखिए अब अगर कोई रस्म रह भी जाती है तो उससे कोई फर्क नहीं पड़ना।

(कब्बन ठठरी लेकर आते हैं। उसे सब देखते हैं।)

मौलाना : हवन की जो चीज़ें बाकी रह गई हैं, उन्हें मिर्ज़ा साहब आप हासिल कर लीजिए। दस बजे तक इंशाअल्लाह जनाज़ा ले चलेंगे।

कब्बन : मौलाना, जनाज़े के साथ राम नाम सत है, यही तुम्हारी गत है—कहते हुए जाना पड़ेगा।

मौलाना : हाँ भाई ये तो होता ही है...अच्छा तो मैं एक घंटे बाद आता हूँ।

(उठते हैं।)

(पहलवान जो अपने दोस्तों के साथ गुस्से में भरा कोने में बैठा हुआ सब देख-सुन रहा था अचानक सब के चले जाने के बाद उछलकर खड़ा हो जाता है और अलीम की गर्दन पकड़ लेता है)

पहलवान : अलीमा मैं ऐ नहीं होण देना...किसी कीमत नहीं होण देणा...भावें मैनू...भावें मैनू...

(झपट कर अलीम का गला पकड़ लेता है।)

अलीम : अरे पहलवान मेरा गला तो छोड़ो...मैंने तुम्हारा क्या बिगाड़ा है।

(पहलवान गला छोड़ देता है।)

पहलवान : ओय असी भी जानते हाँ...इस्से ने ठेका नहीं लेआ होया है इस्लाम दा...

अलीम : अरे तो मुझे क्या समझा रहे हो...कहो जाके उन लोगों से...

पहलवान : कहन सुनन नू होण रिया की है...अलीमा...खून खौल रिया है...पट्ठे फड़क रहे ने...कसम ख़ुदा दी...ऐ अ ऐंज नइ बुझेगी ...ऐंज नइ बुझेगी...
(चीखता है) ऐ मौलवी है...मौलवी...काफ़िर औरत दे पीछे 'राम राम' कैंदा धूम रिया है... *(गुस्से में बोला नहीं जाता)*

सिराज : साले पागल हो गए हैं।

पहलवान : *(चीख़कर)* ओ साले ओ ए पाकिस्तान है...पाकिस्तान..पाक ज़मीन...ऐन्नू नापाक करन वाल्यां दी मैं ऐसी तैसी कर देवांगा...

अनवार : सारा माल हड़प लिया साले सिकंदर मिर्ज़ा ने...

पहलवान : मैं...मैं...पेट फाड़ के माल कड लवांगा...वेखदे जाओ...

(अंतराल गायन)

गये दिनों का सुराग़ लेकर किधर से आया किधर गया वो
अजीब मानूस अजनबी था मुझे तो हैरान कर गया वो

बस एक मोती-सी छब दिखाकर, बस एक मीठी-सी धुन सुनाकर
सितार-ए-शाम बनके आया बरंगे ख़्वाबे सहर गया वो

वो मैकदे को जगाने वाला, वो रात की नींद उड़ाने वाला
ये क्या आज उसके जी में आई के शाम होते ही घर गया वो

वो हिज्र की रात का सितारा वो हम नफ़स, हम सुख़न हमारा
सदा रहे उसका नाम प्यारा, सुना है कल रात मर गया वो

दृश्य : सोलह

(मंच पर हल्का प्रकाश है। नाटक के पात्र (पहलवान तथा उसके चमचों को छोड़कर) रतन की माँ की अर्थी उठाए मंच पर आया है। नितांत खामोशी है। फिर धीरे से कुछ लोग कहते हैं।)

राम नाम सत है

दूसरे कहते हैं—

यही तुम्हारी गत है।

(फिर खामोशी छा जाती है और कुछ समय बाद फिर पात्र 'राम नाम सत है, यही तुम्हारी गत है' दोहराते हुए मंच पर धीरे-धीरे निकल जाते हैं)

(मंच पर अंधेरा हो जाता है। धीरे-धीरे रौशनी आती है। रात का वक़्त है)

(मस्जिद में मौलाना नमाज़ पढ़ रहे हैं। कोने में लैंप जल रहा है। धीरे-धीरे एक तरफ से ढाँटा बाँधे एक आदमी घुसता है और एक कोने में छिप जाता है। मौलाना नमाज़ पढ़ते रहते हैं। दूसरी तरफ से भी ढाँटा बाँधे एक आदमी घुसता है और लैंप तक झुक कर जाता है। मौलाना नमाज़ पढ़ चुके हैं और मुड़ना चाहते हैं कि लैंप बुझा दिया जाता है।)

मौलाना : कौन ?

(कोई जवाब नहीं आता)

मौलाना : कौन है ? ये रौशनी किसने गुल कर दित्ती ?

(कोई जवाब नहीं आता। मौलाना लैंप की तरफ बढ़ते हैं तो पीछे से एक तीसरा आदमी आ जाता है। मौलाना माचिस

जलाते हैं तो उन्हें अपने तीन तरफ तीन ढाँटे बाँधे लोग खड़े दिखाई देते हैं। तीली बुझ जाती है।)

मौलाना : तुम लोग कौन हो ?

(कोई जवाब नहीं देता। तीनों एक-एक क़दम आगे बढ़ाते हैं।)

मौलाना : मुझे अपने नाम बताओ।

(कोई जवाब नहीं देता।)

मौलाना : तुम लोग जो भी हो मुसलमान हो...पूरे शहर में एक ही हिंदू बुढ़िया थी वो कल गुज़र गई...तुम मुसलमान हो...

(तीनों एक-एक क़दम और बढ़ते हैं।)

मौलाना : ऐ खुदा दा घर है...यहाँ ढ़ाँटे बाँधने की क्या ज़रूरत है...वो तो सब देख ही रहा है।

(तीनों तेजी से आगे आते हैं।)

मौलाना : मैंने तुम्हारा क्या बिगाड़ा है...

(पहलवान चाकू निकाल लेता है। सिराज और अनवार मौलाना को झपट कर पकड़ लेते हैं।)

मौलाना : बचाओ...बचाओ...

(सिराज उनका मुँह दबा लेता है। पहलवान मौलाना पर कई हमले करता है। वो गिर जाते हैं। पहलवान उनके कपड़ों से चाकू साफ करता है और तीनों तेजी से बाहर निकल जाते हैं।)

(कुछ क्षण बाद मंच के दोनों ओर सिर झुकाए नाटक के पात्र आते हैं। वे धीरे-धीरे मौलाना की लाश के पास आते हैं और बहुत गहरी, करुण और प्रभावशाली आवाज़ में गायन प्रारंभ होता है।)

ख़ाक़ उड़ाते हैं दिन रात
मीलों फैल गये सहरा
प्यासी धरती जलती है
सूख गये बहते दरिया

(गायन की करुण आवाज के साथ पृष्ठभूमि से औरतों के रोने की आवाज गायन में शामिल हो जाती है जो क्रमशः बढ़ती जाती है। सभी आवाज़ें धीरे धीरे फेड़ आउट हो जाती हैं। मंच पर अंधरा हो जाता है)

●●●